少年少女のための文学全集があったころ

松村由利子
Matsumura Yuriko

人文書院

少年少女のための文学全集があったころ

目次

III 読むという快楽

IV 偏愛翻訳考

V 読めば読むほど

装画　朝倉めぐみ
装幀　中島佳那子
　　　上野かおる

I

食いしん坊の昼下がり

メロンと菓子パン

ルナール『にんじん』
ボンド『くまのパディントン』
バーネット『小公女』

子どものころから食いしん坊だった。だから、何かを食べると必ず思い出す本というものがある。

小学生のころ、メロンを食べるときは毎回といってよいほど、ルナールの『にんじん』を思い出した。赤毛の男の子「にんじん」は、なぜか兄さんや姉さんのようには母親からかわいがられず、みんながメロンを食べるときも「お前の分はないよ」と言われてしまう。彼は、食べ残しのメロンの皮をウサギ小屋へ持って行かされるのを幸いとして、小屋の中でわずかに残る甘い部分をかじるのだ。

切り分けられたメロンを前にする度に、幼い私は「ああ、これをにんじんに分けてあげられたら！」と申しわけない思いを抱きながら、スプーンを果肉に当てた。ところが、あるとき、メロンを食べている途中で、はっとにんじんのことを思い出した。なんということだろう、自分はにんじんを忘れて、この果物を食べ始めてしまった――。そのときの情けない思いと深い悔恨は忘れられない。

しかし、大きくなるにつれ、私はだんだんメロンを食べ終わるころになってようやく彼を思い出すようになり、やがては数回に一回くらいしかにんじんを思い出さなくなってしまった。「これが、おとなになるということなのかな」と寂しく思ったが、たぶんメロンという果物の価値そのものも、時代と共に「ごちそう」ではなくなっていったのだろう。

メロンで『にんじん』を思い出すことはほとんどなくなったが、ジャムやクリームをふんだんに練り込んだ菓子パンを食べるときは、よく『くまのパディントン』を思い出す。パディントンといえば彼の大好物、ママレード・サンドウィッチなのだろうが、私はどうしても、ブラウンさんたちとの最初の出会いで大惨事を起こす「とても大きな菓子パン」が忘れられない。パディントン駅の食堂で、ブラウンさんが選んだクリームとジャムつきのパンは、「これほど大きくて、これほどネトネトしたのは、ちょっと類がないほどでした。そして、そのネトネトした中身が、見る見るうちに、パディントンのひげのまわりにくっつきはじめたのです……」。

一方、干しぶどう入りの丸いパンを見ると、今でも反射的に『小公女』のセーラの姿を思い浮かべてしまう。

冷たい雨のそぼ降る日、父を亡くして学校で使い走りのようなことをさせられていたセーラに、道端で四ペンス銀貨を拾う。空腹だったセーラは、そのお金を落としはしなかったか近くのパン屋のおかみさんに訊ねたうえで、干しぶどうの入ったパンを六個買う（二個はおかみさんからのおまけである)。焼きたてのパンは、どんなにいい匂いを放っただろう。しかし、彼女はパン屋の外にいた、見るからにおなかをすかせた乞食の女の子に五個与えて立ち去るのである。ああ、その高貴さ!

伊藤整は「甘パン」と訳しているが、原文にある"bun"は小さな丸いパンを意味する。甘味の少ないものはハンバーガーなど具を挟むのに使われ、シナモンや干しぶどうが練り込まれた甘いものはそのまま食べられる。"large, plump, shiny buns, with currants in them"という文章を、伊藤は「その甘パンは大きくって、ふくらんで、つやがよく、ほしぶどうの入っているのだった」と、実においしそうに訳している。

日本語には「パン」というポルトガル語由来の便利な総称があるので、バゲットを「フランスパン」と呼ぶなど「○○パン」というネーミングが多い。「甘パン」というのも、なかなか味のある訳語だ。しかし、最近になって入ってきた「グリッシーニ」だとか「フォカッチャ」などは、そのままの名称で広まりつつある。その中間に位置するのが「ベーグル(bagel)」だっただろうか。

E・L・カニグズバーグの"About the B'nai Bagels"は、十二歳のマーク少年が所属する野球チームの監督に、彼の母親が就任したことから起こる日常の波乱をユーモラスに描いた内容だが、最初に翻訳された一九七四年、タイトルに含まれる「ベーグル」は日本人にはほとんど知られていなかった。訳者、松永ふみ子は熟考のうえ、『ロールパン・チームの作戦』というタイトルで、この作品を日本に紹介したのだった。「ロールパン」という言葉の明るい響きは、元気のいい母親と、成長してゆく息子との機智に富んだ会話そのもののようで、とても合っていたと思う。

ベーグルの発祥は中央ヨーロッパとされ、形や製法はポーランドで確立したらしい。米国で人気が高まったのは一九八〇年代以降で、それまではWASPと呼ばれる白人が、ユダヤ人を揶揄するときに用いるシンボルだった。文学作品の中でそうした用例にいくつも出会っていたので、たまたま一九九三年にニューヨーク出張した折、ベーグル専門店が人気だと知ったときは、「時代が変わったんだなあ」ととても驚いた。こうした状況の変化を受け、この物語は『カニグズバーグ作品集』が編まれた二〇〇二年、『ベーグル・チームの作戦』と改題されて収められ、単行本のタイトルも「ベーグル」に改められた。

文化も風俗も、歳月と共に変化する。翻訳された言葉が、時代を経るうちに変化するのは当然のことだ。一九五四年に翻訳出版されたH・A・レイ『ひとまねこざる』の中で、

時代の変化に伴い、タイトルは「ロールパン」から「ベーグル」に変わった（いずれも岩波書店）

動物園を脱け出したおさるの「じょーじ」が、「しょくどう」のおなべから食べたのは「うどん」だったが、九八年の改訂版からは、「れすとらん」の「すぱげってぃー」に変わった。モンゴメリ「赤毛のアン」シリーズの最終巻『アンの娘リラ』に登場する〝cream puffs〟なるお菓子は、一九五九年の最初の村岡花子訳では「軽焼饅頭《かるやきまんじゅう》」となっていたが、今では「シュークリーム」に落ち着いた。

いつの時代も子どもたちは食べることが大好きなものだが、さまざまなお菓子やごちそうに慣れている現代の子どもは、本の中のどんな食べものにわくわくするのだろう。私のような食いしん坊の子を見つけたら、こっそり訊いてみたい。

「プリン」を「ゴクリ」！

トールキン『ホビットの冒険』
ルイス『ライオンと魔女』
キャロル『不思議の国のアリス』

「うさこちゃん」はいつごろから、「ミッフィー」という名のキャラクターとして認知されるようになったのだろう。

石井桃子訳の「うさこちゃん」シリーズに親しんでいた一人としては、何だか居心地が悪くて、「ミッフィーなんかじゃないやい！　うさこちゃんはうさこちゃんだいっ！」と子どもじみた意地を張っていたが、調べてみると、そもそもオランダ生まれのうさこちゃんの本名は「ナインチェ・プラウス」（Nijntje Pluis）というのであった。「ナインチェ」は「うさちゃん」、「プラウス」は「ふわふわ」を意味する。石井訳でうさこちゃんのお父さんが「ふわふわさん」、お母さんが「ふわおくさん」となっているのは、もともとの姓「プラウス」が活かされているわけだ。「ミッフィー（Miffy）」は英語版の名前であるが、どことなく“fluffy”（ふわふわの、綿毛でおおわれた）を思わせる、うまい置き換えである。アメリカには、マシュマロをふわふわのペースト状にした“fluff”という製品があって、パンに塗って食べたりお菓子の材料にしたりする。そんなことも考えると、各国でそれぞれ最もよい名前が選ばれているのだな、と思う。

子どもにとって、語感はとても大切なものだ。だから、名前から意味やイメージが感じられた方がいいに決まっている。そうしたネーミングのセンスに優れていた翻訳者の一人が瀬田貞二である。

最もよく知られているのが、J・R・R・トールキン『ホビットの冒険』に登場する「ゴクリ」だろう。主人公のビルボが洞窟を利用して作られた長いトンネルの中で一人になってしまったとき、ぬるぬるした気味の悪い生き物に出会うのだが、瀬田はその生き物を「ゴクリ」と名付けた。原文の〝Gollum〟は、喉を鳴らして唾を呑みこむときの音を表しており、実にぴったりの訳である。

二〇一二年に映画化されたので、原作を読む前に映画を観て「ゴラム」という名にふれる人も多いかもしれない。しかし、本の中でビルボと一緒に暗闇を経験する子どもは、「ゴクリ」という名前の不気味さや、冷たく湿っぽいゴクリの存在をひしひしと感じることができる。映像がどんなにリアルであっても、想像の世界の真っ暗なトンネルで交わされるビルボとゴクリのなぞなぞ問答ほどには、手に汗を握らせないと思う。

瀬田貞二はC・S・ルイスの「ナルニア国ものがたり」シリーズでも、冴えたネーミングをしている。シリーズの第一巻『ライオンと魔女』に登場する巨人〝Giant Rumblebuffin〟は、「巨人ごろごろ八郎太」と訳されている。〝rumble〟は、雷や砲声がごろごろと鳴ったり、重い車がごとごと通ったりする時に使われる動詞だ。「巨人ランブルバフィン」よりも断然、親しみがわくが、これはほとんど、明治期にアレクサンドル・デュマ『モンテ・クリスト伯』を『巌窟王　史外史伝』として紹介した黒岩涙香を思わせる。

小学生のころ、図書館から子ども向けの『がんくつ王』を借りてきたとき、母がしきりに「昔はねぇ、黒岩涙香って人が訳して、エドモン・ダンテスは團友《だんとも》太郎《たろう》だったのよ〜」となつかしんだ。それがおかしくて、語呂合わせのような主人公の名は忘れられないものになった。黒岩は、エドモンを陥れるダングラールを「段倉」、エドモンが獄中で出会うファリア神父を「梁谷《はりや》法師」など、なかなか面白い置き換えをしている。

明治期にはこんなふうに外国の名前を日本名にすることが多かった。例えば、ルイス・キャロルの『不思議の国のアリス』の場合、一九〇八（明治四十一）年以降、西條八十や鈴木三重吉ら多くの文学者によって翻訳され、「アリス」は「愛ちゃん」「綾子さん」「美《みい》ちゃん」「あやちゃん」「まりちゃん」「すゞ子ちゃん」などとさまざまな名に置き換えられた。アリスの「ア」にこだわるよりも、日本人に親しみのある名前にした方がよいと考えた訳者も多かったのだろう。一九〇八年に出版された日高柿軒訳『フランダースの犬』では、主人公のネロは「清《きよし》」、愛犬パトラッシュは「斑《ぶち》」、ネロと親しい女の子、アロアは「綾子」である（「綾子」はこの時代、人気の高い名前だったのだろうか）。

ビルボ（右）となぞなぞ問答をするゴクリ（寺島龍一画『ホビットの冒険』岩波書店より）

瀬田貞二に戻ると、彼は『ライオンと魔女』に出てくる“Turkish Delight”（直訳すれば「トルコの喜び」）という菓子を「プリン」と訳している。ナルニアへ行ったエドマンドが魔女に出会ったとき、「一番すきなもの」を問われて答えるのが、この菓子なのだ。魔女が不思議な瓶からひとしずく垂らすと、「たちまち、緑色の絹のリボンでしばった、まるい箱が一つあらわれ、それをひらくと、おいしそうなプリンがどっさりでてきました。どのプリンもふわふわして、あまくて、これ以上おいしいものをエドマンドは食べたことがありませんでした」――という場面は、多くの日本の子どもたちを魅了した。「カスタードプディング」が「プリン」として定着したのも、子どもに発音しやすく、弾力のあるなめらかな菓子にいかにもふさわしい名前だったからだろう。瀬田が数ある菓子の中から「プリン」を選んだのはさすがである。

「ターキッシュ・ディライト」という名の菓子は、辞書には「トルコぎゅうひ（砂糖をまぶしたゼリー【ガム】状の菓子）」（『リーダーズ英和辞典』研究社）と説明されている代物だ。トルコに餅粉や白玉粉で作る求肥があるはずもなく、コーンスターチなどのでんぷんと砂糖、水やナッツ、ドライフルーツを入れて練り上げて作られる。私は残念ながらまだ出会ったことがないのだが、食べた人によると、食感は求肥やゆべしに似ているという。

瀬田貞二は『ライオンと魔女』の訳者あとがきで、「なじみのない品物、たとえばターキシュ・ディライトという菓子などは、ことさらにまったくちがったプリンに移しかえたことがある点は、ことわっておきましょう」と記している。『ライオンと魔女』は二〇〇五年に映画化されたので、「ターキッシュ・ディライト」もそのままの名称で知られるようになった。

瀬田は「あまり耳なれない固有名詞は、単純化し、意味をふくんだものには、わざと戯画化した呼名をあてた」とも書いており、「巨人ごろごろ八郎太」もその考えに基づいて付けられた名前だったのだな、と納得させられる。『三びきのやぎのがらがらどん』やロシア民話の『おだんごぱん』など、瀬田の訳文はリズミカルで何度も口ずさみたくなる。自宅で家庭文庫をひらいていた彼は、いつも子どもたちと接していたから、こうした「単純化」や「戯画化」の必要性もよく知っていたのだろう。

しかし、彼は子どもにわかりやすい訳語ばかりを選んだわけではない。その一つが「朝びらき丸」という船の名前である。

瀬田貞二の見事な訳による『朝びらき丸 東の海へ』(岩波少年文庫)

「ナルニア国ものがたり」の第三巻『朝びらき丸 東の海へ』の原題は、"The Voyage of the Dawn Treader"、つまり、「暁に歩むもの」号の航海、といった意味である。彼はそれを「朝びらき丸」と訳した。

夜明けを待って船出する「朝びらき」という美しい言葉は、万葉のころから用いられてきた。例えば、大伴家持の「珠洲《すず》の海に朝びらきして漕ぎ来れば長浜の浦に月照りにけり」は、珠洲を朝早く出航して長浜に着くと、もうすでに月が出ていた、という情景が詠われた一首である。家持が越中守として能登を巡行した際の歌であり、伸びやかなしらべが魅力的だ。また、山上臣の「朝びらき入江漕ぐなる楫《かぢ》の音のつばらつばらに我家《わぎへ》し思ほゆ」は、早朝に出航したところ、舟を漕ぐ音に故郷の自分の家がしきりに思われたという望郷の歌である。こうした歌を読むと、これから冒険の海へ乗り出そうとする作中の子どもたちの心躍りが、いかに「朝びらき」という言葉と響きあうかがわかるだろう。

瀬田貞二は中村草田男に師事し、俳誌「萬緑」の初代編集長を務めた俳人であった。「余寧金之助」という俳名で、子ども向け読みものを素材にした句も多く作っている。

　秋風やゴーシュのセロはゆるみがち
　三匹の熊と住ひて苺《いちご》摘み
　螢《ほたる》手にムーミン谷の友訪《と》はん

そのことを知ると、「朝びらき丸」という名訳にも大いに合点がゆく。戦後まもない時代に児童文学の確立に尽力した瀬田もまた、志高く朝の海に漕ぎ出す心境で子どもの本に関わったに違いない。

チョコレートの誘惑

ファージョン『ムギと王さま』
ロフティング『ドリトル先生月へゆく』
ダール『チョコレート工場の秘密』

なぜか、よく鼻血を出す子どもだった。わが家では「チョコレートを食べると鼻血が出る」ということが信じられていたので、私にとってチョコレートは、めったに食べられないお菓子だった。そのせいで、人とは違った読み方をした物語もあるかもしれない。

エリナー・ファージョンの『ムギと王さま』は、さまざまな美しいお菓子が詰められたような短編集だ。そのなかでも印象深かったひとつが、「十円ぶん」である。

主人公のジョニー・ムーンは、学校からの帰り道、「十円だま」を拾う。友達に「いいなあ！」と言われつつ、ジョニーは迷わず駅へ向かう。チョコレートを買うためだ。「だれでも、ポーター製菓や、ウェトサム百貨店や、キャビン・ケーキ店にいって、十円わたせば、板チョコを一つもらえます。けれども、いつか、もうずっとまえのことでしたが――（中略）それは、背の高い機械に十円だまを入れて、ハンドルをガチャンとやり、まるで奇跡みたいに板チョコを手に入れた男の子のすがたです。そのチョコレートは、製菓店や百貨店やケーキ店にいけば、だれでも買えるチョコレートとは、どんなにちがっていたでしょう！」（石井桃子訳）――というわけで、それ以来ジョニーは、自分でもその機械に十円玉を入れ、ハンドルをひっぱって板チョコを買いたい、という願いをずっと抱いていた。

たどり着いた駅でジョニーは嬉々として硬貨を機械に入れ、ハンドルをひっぱった。ところが、何ということだろう、出てきたのは「小さなボール紙の切符」だったのである。

最後の最後で、ジョニーはついにチョコレートの販売機からお目当てのものを得ることができるのだが、おとなになってからこの短編を読むと、十数年前ロンドンのあちこちで、チョコレート菓子の自販機を見かけたことを思い出す。英国人はとてもチョコレート好きなのだ。一人あたりの年間消費量を見ると、日本が二・二㎏であるのに対しイギリスは八・九㎏と、かなりの差がある（国際菓子協会／欧州製菓協会まとめ・日本チョコレート・ココア協会のサイトより、二〇一三年）。そうした事情を反映しているのだろう、日本では飲料の自販機が全体の七割近くを占めるのだが、イギリスでは飲料よりもチョコレート菓子だけを扱う自販機が目立つ。

チョコレートとの関係も意外だが、イギリスは一七世紀初めに他のヨーロッパ諸国に先駆けて自動販売機が発明された国でもある。現存する最古の自動販売機は「正直箱（"Honour Box"）」と呼ばれ、箱の上部から半ペニー硬貨を入れると留め具がはずれてふたが開き、中にある嗅ぎタバコが取り出せる仕組みだった。一九世紀後半から二〇世紀初頭にかけて、イギリスは自動販売機先進国であり、一八九二年には駅の入場券、一九〇四年には地下鉄の乗車券が機械で販売されるようになる。駅の構内やホームには、キャンディやチョコレート、タバコなどさまざまな自動販売機が並んでいたので、小さなジョニー・ムーンが間違って切符を買ってしまったのも無理はなかった。

「十円ぶん」の原題は、"Pennyworth"である。物語が書かれた一九五五年当時の一ペニーは、たぶん石井桃子の訳した「十円ぶん」くらいだったのだろう。一九六二年に日本で発売されたチロルチョコもちょうど十円だった。あれほど有名なチョコレートを、私は子ども時代、一度も食べたことがない。時間をさかのぼることができるなら、ジョニーのように十円玉を握りしめ、近所の駄菓子屋さんに走ってゆくのだが。

それはともかく、英国人がチョコレート好きであることは、ロンドンの自販機を見る前から何となく知っていた。本の中で度々、それを思わせる事柄が出てきたからだ。

ロフティング『ドリトル先生月へゆく』には、月へ到着したばかりのドリトル先生たち一行について、スタビンズ君が「私たちは荷物をといたり、チョコレートの残りを夕ごはんのかわりにならべたりしましたが……」と記した箇所がある。サルのチーチーなどは月世界の異様な雰囲気にすっかり怯えているというのに、小学生の私は「チョコレートが夕ごはんのかわり!」とうっとりしながら読んだ。

ロアルド・ダール『チョコレート工場の秘密』の主人公、チャーリーはチョコレートが大好きだが、家が貧しいので一年に一度、自分の誕生日にしか食べることができない。それなのに、チャーリーの家の近くには、世界一のチョコレート工場があって、毎日毎日甘く濃厚な匂いが流れてくるのだ……この狂おしいまでのチョコレートへの憧れを書いたダールは、英ウェールズ生まれの作家である。彼もやっぱり甘いもの好きだったのだろうか。

ヒルダ・ルイス『とぶ船』では、チョコレートの歴史も垣間見ることができる。この本は、四人きょうだいの子どもたちが魔法の船に乗って、さまざまな国や時代を訪れるという冒険物語である。何度目かの冒険で、四人はウィリアム征服王の統治していた一一世紀後半のイギリスへ行き、マチルダという女の子と友達になる。その冒険からしばらくたって、きょうだいたちは再び一一世紀へ旅し、今度はマチルダを自分たちの時代に連れてくる。さまざまなカルチャーショックを受けるマチルダだが、彼女が気に入った一つがチョコレートだった。

きょうだいの中でも一番食いしん坊のサンディーは、歴史の好きなハンフリーから、マチルダの生きている時代にはチョコレートが発見されていなかったことを聞いてびっくりする。カカオ豆をひいて水や湯に溶かした飲料は、一六世紀から一七世紀にかけてヨーロッパ各国で広く飲まれるようになったが、固形のチョコレートが作られたのは一八四七年、ほかならぬイギリスにおいてだった。菓子・飲料メーカーとして知られるイギリスの「キャドバリー」は、この時代に食料品店からチョコレートやココアを扱うメーカーに成長し、今に至るのである。

キャドバリー社をはじめとするいくつかのココア製造業者によって、一九世紀後半のイギリスではココアパウダーの品質改良が進んだ。それと並行して、関税引き下げによって砂糖の価格が大幅に下落した。そのため、富裕層のみならず労働者階級もココア（ホット・チョコレート）に砂糖を入れて飲むことが可能になり、一九世紀半ばに一人あたり約二三㌔だった砂糖の年間消費量は、一九世紀末には約四一㌔にまで増えたという。これほど急速な砂糖の消費増は他のヨーロッパの国では見られず、チョコレート好きな国民性はこの時代に形成されたと思われる。

『とぶ船』のサンディーは、マチルダが「チョコレートをたべたことがないなんて、気のどくだ」と思う。そして、「じぶんの分のチョコレートは、いつもマチルダに分けてあげようと、心に誓いました。そして、ついでに言っておきますと、サンディーは、その誓いを、ちゃんと守りました」。

えらいなぁ、でも、二一世紀に住んでいるわけではないのに、チョコレートを食べさせてもらえない子どももいるんだよ——サンディーに負けないくらい食いしん坊の私は、そう思いながら読んでいた。

お茶をどうぞ

ミルン『クマのプーさん』
リンドグレーン『長くつ下のピッピ』
モンゴメリ『可愛いエミリー』

お茶の時間は楽しい。お茶会という言葉には、いつもどきどきしてしまう。

最初に「お茶会」というものを知ったのは、『クマのプーさん』を読んだときだ。クリストファー・ロビンが「フクロ、ぼくね、お茶の会をするんだ」と言ったとき、フクロは落ち着いて「おや、さようですか」と答えたが、私はプーと同じく「桃色のお砂糖のついてる、あのケーキなんてもの、出るかな」と期待に胸をふくらませた。

次に出会ったのは、アリスと三月ウサギ、ねむりネズミ、それから帽子屋が集まったお茶会である。三月ウサギと帽子屋はアリスに意地悪なことばかり言うし、食べるものがほとんどない。あれは、あまり楽しいお茶会ではなかった。

「お茶」といっても、紅茶だけではないことは、『長くつ下のピッピ』を読んで知っていた。「世界一つよい女の子」であるピッピは、トミーとアンニカのおかあさんに招かれて、コーヒーの会に出席する。ピッピときたら、ほかのおとなのお客さんたちもいるのに、お皿にのっていたお菓子とコーヒーを替わりばんこに口へ押し込むわ、クリームのかかった大きなケーキを一人で食べてしまうわ、気の小さい私ははらはらし通しだったが、とても愉快だった。

『長くつ下のピッピ』には、ピッピたちがカシワの木に登って、そこでコーヒーを飲む場面もある。子どものころは何とも思わなかったが、おとなになって読むと「ほんとに小さい子もコーヒー飲んでるのかしら」と不思議に思う。調べてみると、ピッピの生まれたスウェーデンなど北欧諸国は、ヨーロッパの中でもコーヒー消費量が群を抜いて多いのだった。一人あたりの年間消費量を見ると、フィンランド一二・一㌔、ノルウェー九・一㌔、スウェーデン七・四㌔と、米国の四・四㌔や日本の三・五㌔を大きく上回っている（国際コーヒー機関統計二〇一五年）。そう言えば、フィンランド生まれの「ムーミン」シリーズにも、ムーミンたちがコーヒーを飲んでほっと一息つく場面があったっけ。

一方、紅茶の飲み方にもいろいろあることは、ローラ・インガルス・ワイルダー『長い冬』を読んでいたときに知った。末っ子のグレイスが「薄紅茶（ケインブリック・ティー）」というものをあてがわれる場面があるのだ。「それから、みんな、熱いこい紅茶を飲んだ。母ちゃんは、グレイスにまで、薄紅茶《ケインブリック・ティー》をやった。薄紅茶とい

『長くつ下のピッピ』にはコーヒーを飲む場面がいくつも出てくる（岩波書店）

うのは、お湯と牛乳の中に、紅茶がほんのぽっちりはいるのだけれど、小さい娘たちは、母親にそれをもらうと、おとなになったような気がしたものだ」

『長い冬』のローラは、十三、四歳くらいだから、十歳下の妹グレイスは、三つか四つといったところだろう。「薄紅茶」という表記はそれほど魅力的ではないが、「ケインブリック・ティー」というのは、何だかしゃれてるな、と中学生の私は思った。

もう少し大きくなって、村岡花子訳のモンゴメリ『可愛いエミリー』を読んだときには、ヘンなお茶と遭遇した。主人公のエミリーは十歳で両親を亡くし、エリザベス、ローラという二人の伯母と暮らしている。亡くなった父親への手紙の形で、日記をつけるのが彼女の日課だ。あるとき彼女は、親戚のところへ泊まりがけで遊びに行き、「ほんとうのお茶」を飲ませてもらって感激する。エミリーは日記に「あたしはお茶がすきです。ニュー・ムーンにいると、エリザベス伯母さんは甘茶しか飲ましてくれません。そのほうがあたしの健康によいというのです」と綴る。「甘茶」？　それって、お釈迦さまにかける飲みものだったような……。

この続編『エミリーはのぼる』には、再びエミリーの「ほんとうのお茶」に関する渇望が書かれている。エミリーは十四歳になり、シュルーズベリーという街に下宿して高校へ通うようになる。下宿先についてエミリーは、またも不満を記す。「シュルーズベリーへ来たらわたしはほ・ん・と・うのお茶がのめるだろうと思っていたのに、ルース伯母さんはからだによくないと言う。

それでわたしは水をのんでいる。キャンブリック茶などのむのはもういやだから。まさか子どもじゃあるまいし！」

「キャンブリック茶」？　これまた謎のことばである。

そして、いよいよ「エミリー」シリーズの最後の一冊、『エミリーの求めるもの』を読み始めたときだ。冒頭に、こう書かれていて仰天した。「高等学校の年月をうしろにし、永遠の未来を自分の前にして、エミリーがシュルーズベリーからニュー・ムーンの家へと帰ってきたとき、彼女の日記には、「もうケンブリック茶とは、おわかれだ」と書かれた。／これは一種のシンボルだった。エリザベス伯母さんが、エミリーにほんとうの紅茶を飲むことを許したのは――それもおりおりの特別なおふるまいとしてではなく、あたりまえのこととして――それは無言のうちに、彼女の成人を認めたのである」

「ケンブリック茶」？　それなら、『長い冬』に出てきた「薄紅茶」と同じものではないだろうか。

調べてみると、確かにそれは〝cambric tea〟という同じ飲みものだった。〝cambric〟とは、亜麻糸や綿糸で織った平織物で、やや黄みを帯びた、ごくごく薄い茶色である。「亜麻色の髪の乙女」というタイトルのピアノ曲や歌があるが、この〝cambric〟の色から来ている。リーダーズ英和辞典第二版（研究社）では、〝cambric tea〟は「ケンブリックティー《牛乳を湯で薄め、砂糖と時に紅茶を加えたお茶代わりの温かい小児用の飲み物》」と作り方まで説明されている。検索してみると、ふつうのミルクティーのような薄茶色から、ほとんど白に近い、生成りのような色のものまでさまざまだ。紅茶をどれくらい垂らすかで、色が違ってくるのである。

そして、原書にあたると、『可愛いエミリー』の「甘茶」も、『エミリーはのぼる』の「キャンブリック茶」も、同じ“cambric tea”であることが分かった。

モンゴメリの作品の中では、『赤毛のアン』が最も有名だが、実はアンよりもエミリーの方が、境遇や創作への熱意が作者と似ており、「エミリー」シリーズは自伝的要素が多いと見られている。モンゴメリ自身もそのことを認めているから、愛着の深い主人公であったはずだ。『エミリーの求めるもの』の冒頭を原書で読むと、日本語よりも「ケンブリック茶」がかなり強く印象づけられる。

“No more cambric-tea” had Emily Byrd Starr written in her diary when she came home to New Moon from Shrewsbury, with high school days behind her and immortality before her.

Which was a symbol. When Aunt Elizabeth Murray permitted Emily to drink real tea — as a matter of course and not as an occasional concession – she thereby tacitly consented to let Emily grow up.

「ケンブリック茶」――この甘く薄められた子ども向けのお茶は、幼い女の子が成長し、一人前のおとなと認められるまでの道のりを示す道標として「エミリー」シリーズの中で用いられてきたのだ。「ケンブリック茶」との訣別について、村岡花子は「一種のシンボル」と訳しているが、「一つのシンボル」あるいは「象徴的な出来事」とした方がよいかもしれないな、と思う。高校を卒業した十七歳のエミリーは、ようやく厳格な伯母から自立した存在と見なされるようになったのである。

戦後から一九五〇年代にかけて、村岡花子の仕事量は恐ろしく膨大だった。『赤毛のアン』の続編九冊に始まり、ウェブスター『あしながおじさん』、バーネット『秘密の花園』『小公女』、ストウ夫人『奴隷トム物語』、ジーン・ポーター『リンバロストの乙女』『そばかす』、オルコット『若草物語』『八人のいとこたち』『昔かたぎの少女』、マーク・トウェイン『ハックルベリイ・フィンの冒険』、キングスレイ『水の国の子』、ウィギン『ナンシー姉さん』、ジャックソン『ジェーン・アダムスの生涯』、ディケンズ『クリスマス・カロル』……いや、もう、あれもこれも「村岡花子訳」なのである。訳された本のタイトルを眺めていると、思わず「ああ、なつかしい!」と思ってしまうが、なつかしんでいる場合ではない。この仕事量は、ふつうの人間のキャパシティを超えている。仮女は当時、家族との旅行に出かける際も、荷物の中に原稿用紙と原書を入れていたという。

次から次に新しい作品を訳していくうちに、村岡が「あら、前の本で『甘茶』って訳したけれど、あれは『ケンブリック茶』とした方がよかったかしら。うーん、『キャンブリック』の方が発音としては近いか……ああっ、迷うわ！」と懊悩した夜はなかっただろうか。

『エミリーの求めるもの』の訳了は一九六八年十月初旬である。そして、彼女はその月の二十五日に亡くなった。亡くなった翌年に出版された『エミリーの求めるもの』は、村岡花子にとって最後の訳書だった。もう少し彼女に時間があったなら、「甘茶」と「キャンブリック茶」と「ケンブリック茶」の訳語の統一を、編集者に指示することができたのではないだろうか。それを思うと、甘いはずの“cambric tea”に対して、かすかに苦いものを感じてしまうのである。

II 記憶のかけら

プーと私と薄謝

ミルン『クマのプーさん』
ドラ・ド・ヨング『あらしのあと』
トラヴァース『風にのってきたメアリー・ポピンズ』

子どものころの記憶というのは実に奇妙なもので、私はいくつかの言葉について何の本によって出会ったか鮮明に覚えている。

「薄謝」という言葉を知ったのはA・A・ミルン『クマのプーさん』である。しっぽをなくしたイーヨーのために、プーが森の知恵者、フクロに相談に行った場面で、フクロは「まず薄謝を贈呈することとする」と提案する。それを聞いたプーは「まず、あのなんですって？――あなた、なんていったんです？　お話の途中でくしゃみをなさったものだから」と遮る。


「わたし、くしゃみなどいたししませんよ。」

「しましたよ、フクロったら。」

（中略）

「わたしはね、『まず薄謝！』といったのです。」

「ほら、また、した。」と、プーはかなしそうにいいました。

「薄謝ですッ。」と、フクロは大きな声でいいました。「イーヨーのしっぽを発見したものには、なにかあげることを、はり紙に書くのです。」

石井桃子訳『くまのプーさん』より

そういうわけで、幼い私の頭には「薄謝」という言葉がくっきりと刻まれた。後に新聞社に勤めるようになり、外部筆者に原稿執筆を依頼する際、「薄謝で申しわけありませんが……」と言うたびに、私の脳裡にプーとフクロの姿が浮かんでしまったのは、素晴らしき翻訳者、石井桃子のせいなのである。

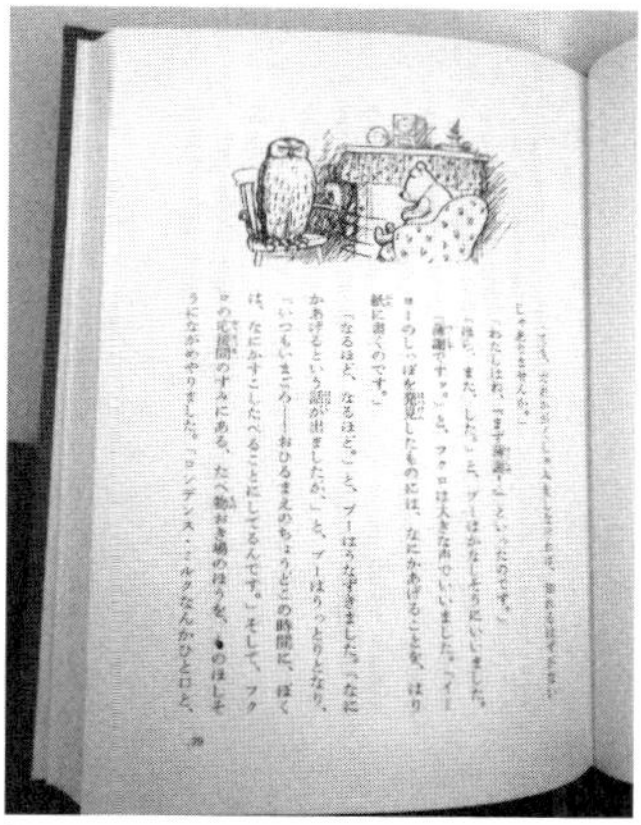
「薄謝ですッ。」と、フクロは大きな声でいいました。「イーヨーのしっぽを発見したものには、なにかあげることを、はり紙に書くのです。」
「なるほど、なるほど。」と、プーはうなずきました。

「薄謝」と初めて出会ったのは『クマのプーさん』（岩波書店）の中だった

原文を見ると、「薄謝を贈呈すること」は、"Issue a Reward"となっている。「ハクション」という、くしゃみの擬音は英国では"atishoo"―カタカナで表記するなら「アティシュー」なので、「イシュー（"Issue"）」と近い。それを「ハクション」→「はくしゃ」とやってみせたのだから、「お見事」というほかない。『ウィニー・ザ・プー』でも、阿川佐和子による新訳「薄謝」になっており、訳者あとがきには、「『薄謝』だけは、どうにもこうにも他にいい言葉が思いつかず、とうとう石井訳を真似させていただきました」と書かれている。

「薄謝」以外にも、特定の本と結びついた形で記憶している言葉は多い。

「しゃっちょこだちをしかねまじきようす」という言い回しは、第二次世界大戦に翻弄されたオランダの一家を描いたドラ・ド・ヨング『あらしのあと』で出会った。小学生の私には意味不明の呪文のようにしか思えず、「これ、なんていう意味？」と訊ねたところ、母が「えーと、しゃちほこ、って知らない？　わからない？」と困り果てていたのを覚えている。訳者は吉野源三郎、「世界」の初代編集長を務め、岩波少年文庫の創設にも尽力した人物である。子ども向けの読みものだからといって、手加減しない訳文だったことを改めて思う。

『あらしのあと』以外にこの言葉に出会った記憶はない。「しかねまじき」という文語は重々しく、二〇〇八年の新版では「しゃっちょこだちをしかねないほどのようす」と書き換えられている。

「ベッドのよくない側から起きてしまった」という表現は、P・L・トラヴァース『風にのってきたメアリー・ポピンズ』で知った。子どもたちのお世話係としてバンクス家に雇われたメアリー・ポピンズは、魔法が使える不思議な女性である。やんちゃ坊主のマイケルがある日、起きたときからむしゃくしゃした気分を抱えて悪さの限りを尽くすと、彼女は「ベッドの、わるいほうのがわから起きたんですよ」と断じる。マイケルが「ちがうよ」「ぼくのベッドには、わるいほうなんてないよ」と言うと、メアリー・ポピンズは「どんなベッドにも、いいほうのがわと、わるいほうのがわがあります」と切り口上で返す。マイケルは「ぼくのベッドにはないよ――壁ぎわだもん」と言い張るが、彼女は意に介さない。

この場面がとても印象に残っていた。英文科の学生になってから調べてみると、これは〝get out of bed on the wrong side〟という慣用句から来ているのだった。wrong side は、right side の反対語なのだろう。実際にはベッドの right side は「右」側なのだが、それをわざと「正しい」の意味にとって、反対側を「左」でなく「悪い」側としたところが面白い。自分ではどうしようもない、説明のつかない不機嫌というものが確かにある。そんなくさくさした気分のとき、「今朝はベッドのよくない側から起きちゃったんだから仕方ない」と思うと、少しはすっきりする。

誰の心にも、自分だけの特別な辞書がしまわれているのだと思う。「薄謝」に代表される、さまざまな言葉を大好きな本から吸収してきたことは、私の財産である。

物語のうしろ

いぬいとみこ『木かげの家の小人たち』
シュウェル『黒馬物語』
ストウ『アンクル・トムの小屋』

同じ本を読んでも、印象に残るところは人によって異なる。特に子どものころに読んだ本は、読後からの年月が長いので違いが際立つ。

あるとき友人のＨ子さんと話していたとき、いぬいとみこの『木かげの家の小人たち』の話になった。私が「いやぁ、クロポトキンっていう名前と初めて出会ったのが、あの本だったよね！」と言うと、彼女はきょとんとしている。「なに、それ」

『木かげの家の小人たち』は、イギリス生まれの小人たちと、彼らを養っている森山家の人々を巡る物語だ。第二次世界大戦の少し前から戦後までの日本を舞台としている。ある日突然、特高警察の男たちがやってきて、一家の主人である達夫の蔵書を検閲し、彼を連行するのだが、その際に見とがめられたのが「クロポトキン」の本だった。男たちに応対するのは、達夫の妻、透《とお》子《こ》である。

――このがらくた本をどうなさるのです？　ここにあるのは、たいてい子どもたちの本です。

——おくさん、おたくでは、子どもがこんな本を読むとみえる。

ひとりの男がそういって、黒い表紙のドイツ語の本を、にくにくしそうにつきだしました。

——あ、クロポトキン、それは……たしか義父の本で……

——ともかく参考として署へもってゆく。

ふたりの男は床につみあげた本をかかえて、足早に部屋を出てゆきました。


いぬいとみこ『木かげの家の小人たち』より

その後で、森山家の次男である信《しん》は、「おとうさまがわるいんだよ。自由主義者なんだもの。ぼくは前から知っていたんだ。おとうさまはね、外国のことばっかり尊敬して、日本の戦争なんてまちがいだっていうんだ。そんなことというのは、非国民じゃないか。だから警察につれてかれたって、しかたがないのさ！」と言い放つ。妹のゆりは「うそよ。ちがうわ。信にいさんのばかァ、警察のばかァ！　おとうさまがわるいこと、なさるはずないわ！」と抗議する。とても

『木かげの家の小人たち』（福音館書店）には戦争の本質がいろいろな角度から描かれている

緊迫した場面なので、一回しか出てこない「クロポトキン」は小学生の私の脳細胞に焼き付けられた。

ところで、実はＨ子さんも私同様、いや、それ以上にこの本を愛読している。何と言っても、彼女は小さいころ、児童文学者のいぬいとみこと翻訳家の松永ふみ子が二人で子どもたちのために開いた「ムーシカ文庫」に通っていたのだ。幼年期から尊敬し親しんできたいぬいとみこについては、今も「いぬい先生」と呼び、自分も近所の子どもたちのために自宅の一室を家庭文庫として開放している。

だから、クロポトキンについては少し口惜しかったのだろう、彼女は「Ｆ子にも訊いてみる！」と言い出した。Ｆ子さんも幼いころ「ムーシカ文庫」に通った古い友達である。数日して、Ｈ子さんから「Ｆ子に訊いたら『あ～、クロポトキン！　覚えてる、覚えてる』って言ってた……」と電話があった。自分が覚えていなかったことが痛恨事のようなので、「記憶の仕方は、みんなそれぞれ違うんだって」と慰めた。

ピョートル・クロポトキンは、相互扶助を基本とする無政府共産主義を唱えた思想家である。これで、私やＦ子さんが『木かげの家の小人たち』をきっかけに、政治思想に目覚めたというならちょっと面白い話だが、そんなこともなく今に至っている。

しかし、人間の記憶というものは実に妙なもので、どうでもよいことがいつまでも脳裏に残っていたりする。一体どういう仕組みによるのだろう。例えば、私にとってアンナ・シュウェル『黒馬物語』は、トーリーとホイッグという英国の二大政党の印象がものすごく強い物語なのだ。

この本の主人公は、「ブラック・ビューティ」という名の、育ちのよい黒馬である。さまざまな事情で飼い主が変わり、ついには辻馬車をひかされるなど酷使されたりもするが、最後には幸せに暮らすようになる。一八七七年にイギリスで出版され、動物愛護の大切さを訴える作品として広く読まれた。そのあたりの状況は、ハリエット・ストウ『アンクル・トムの小屋』(一八五二年)が奴隷解放の世論を喚起したことと似通っている。

跳ねっかえりの牝馬、ジンジャーと主人公の友情や、馬の理想的な飼育や訓練方法など、読みどころはいろいろあるのだが、小学生の私には選挙について書かれた章が最も鮮やかに残っている。ブラック・ビューティが世話になる辻馬車の御者、ジェリーの小さな娘があるとき泣きながら帰ってきて、男の子たちに「ちびの『青』こじき」と呼ばれ泥を投げられたと訴える場面だ。十二歳の兄、ハリーは妹をいじめた連中に仕返しし、「いくじなしの、ひきょうな、『オレンジ』色の悪党め!」と罵倒する。

この「青」が保守的な「トーリー党」の色であり、「オレンジ」がそれと対立する進歩的な「ホイッグ党」のシンボルカラーだという訳註を、「ふーん」と感心して読んだ覚えがある。父親のジェリーは息子に、どんな党にも悪い人はいて、政党の「色」は関係ないと言って聞かせる。ハリーはなおも「でも、おとうさん、青は自由を表わす色なんだろう」と言うが、ジェリーは「自由というものは色から生まれてくるもんじゃないよ。ああいう色は、自分たちの仲間、つまり党のしるしなんだよ」と諭す。

いま読み返すと、この章自体とても短いものであり、どうして小学生の自分がこんな箇所を記憶したかが不思議でならない。ともあれ、一九世紀後半のイギリスでは、ジェリーのせりふ通り、「女子どもまですぐ政党色のことでけんかしようとする」状況だったのだろう。そう言えば、『黒馬物語』を読んだ小学六年生のころは一九七二年、ちょうど自民党総裁選挙が行われた時期である。当時総理大臣だった佐藤栄作が退陣表明したことで、次の総裁に誰がなるのか、人々の関心は高かった。そのことは、総裁選のニュースだったか、新しく内閣総理大臣が指名された国会中継だったか、ともかく、なぜか私たち六年三組の教室でテレビがついていて、田中角栄が首相になった場面をリアルタイムで見ていた事実からもわかるだろう。おとなたちからいろいろ聞きかじり、高学歴ではない庶民宰相の誕生に結構クラスメートたちも興奮していた。ある女の子が声をひそめて「うちは銀行だから、福田（赳夫）さんがよかったのよねえ」などと言い、皆いっぱしのおとなのような顔をしてうなずき合っていたのを覚えている。

トーリーとホイッグという二大政党が、一七世紀後半から長きにわたって対立していたことを知ったのはずいぶん後になってからだ。そして、一八世紀前半に書かれたスウィフト『ガリヴァー旅行記』で、この二つの党派の争いが揶揄されていると知るのは、さらに後である。ガリヴァーが最初に訪れる小人の国「リリパット国」で、靴のかかとの高さが高いか低いか、ということについて絶えず争っている二つの党、というのがそれなのだ。スウィフト自身は、最初ホイッグ党寄りだったが、後にトーリーに与するようになり、政治的に失脚してから『ガリヴァー旅行記』を書き始めたのであった。

そんなことを知るにつけても、子どもに与える本を書くのは難しいと思う。物語のしっかりとした骨格は最も大切なものだが、それを彩るディテールはやはり大切である。「こんなことを書いても子どもはわからないから」と、筋立てだけの物語にしてしまうのは少し違うだろう。不必要な装飾と異なり、きちんとした道具立ては物語の陰翳を濃くし、作品の力を強める働きをする。数年後、あるいはおとなになってから、子どものころに読んだ物語の背景や隠されたメッセージを知る――そんな再発見も、本を読むことに伴う大きな喜びである。

その名にちなんで

ルイス「ナルニア国ものがたり」
ランサム『ツバメ号とアマゾン号』
ポーター『スウ姉さん』

映画「ドラえもん」の米国版が作られたというニュースを見ていたら、「しずかちゃん」の呼び名が“Sue”だというので、「なるほど！」と感心した。というのも、“Sue”という愛称で呼ばれる“Susan”や“Susanna”には「しっかり者の長女タイプ」というイメージがあると感じてきたからだ。

大好きな本の中には、しっかり者の「スーザン」が何人か登場する。その筆頭は、C・S・ルイスの「ナルニア国ものがたり」シリーズに登場するスーザンだ。ピーター、スーザン、エドマンド、ルーシィの四人きょうだいは、シリーズ第一作の『ライオンと魔女』でナルニア国へ行き、魔女によってもたらされた長い冬を終わらせる。スーザンは、きょうだいのうちでは上から二番目だが、慎重な性格で、あまり冒険向きではない。弟のエドマンドに「スーは、いつだってぬれた毛布で、話に水をかけちゃうもの」(『カスピアン王子のつのぶえ』)なんて言われてしまう。

実際、きょうだいたちは合計四回ナルニアへ旅するのだが、スーザンだけは二回で終わった。きょうだいたちの三回目の冒険が描かれる『朝びらき丸東の海へ』の冒頭で、スーザンは両親とアメリカへ行き、あとの三人とは別々に夏休みを過ごすことになったと説明されている。シリーズ最終作の『さいごの戦い』で、ピーターは「わが妹スーザンは、もはやナルニアの友ではありません」と言い、彼女がきょうだいたちと同行することができなかった理由が示される。他の子も「あの人はいま、ナイロンとか口紅とか、パーティーとかのほかは興味ないんです」と口をそろえる。確かに、『朝びらき丸〜』でもスーザンは、「年のわりにませていました」と書かれていた。もし両親とのアメリカ旅行がなかったとしても、彼女はすでに魔法や別世界を信じられなくなり、その段階でもナルニアへ行けなかったのではないかと思う。「長女タイプ」には自分で自分を制してしまうようなところがある。面倒見がよくて気配りできるために、早くおとなになってしまったスーザンを、私は何だか気の毒に思ってしまうのだ。

それから、アーサー・ランサムの『ツバメ号とアマゾン号』のシリーズにも、「スーザン」は出てくる。ウォーカー家のジョン、スーザン、ティティ、ロジャという四人きょうだいのうち、一番上のジョンは船長、スーザンは航海士という役回りだ。航海にもっていく品物のリストを書き出したり、食事の後片付けをしたり、末っ子のロジャを心配したり……やっぱりスーザンは、みんなの世話役であり、母親代わりのような存在である。朝ごはんを作るのも、「それはスーザンのうけもちだった」と書かれている。どうも「スーザン」は優等生タイプで、おとなしい女の子という印象だ。

そして、極めつけの"Sue"と言えば、エレナ・ポーターの『スウ姉さん("Sister Sue")』であろう。二十歳のスザンナ・ギルモアは、六年前に母親が死んだときから一家の主婦として、父親と妹、弟たちを支えてきた。彼女は、誰からも「スウ姉さん」と頼りにされている。そもそも、「母親が生きていた時分から、総領娘のスウは自分の意志なんていうものをもち合わせていないように思われていた」というのだ。そして、いつでも浪費家の弟やわがままな妹の望みを優先させるのが習いだった。

人一倍家族を大切にする彼女だったが、音楽の道をあきらめきれず、ついにピアニストになるために家を離れようと決意する。ところが、そのタイミングで父親、ギルモア氏の経営する銀行が破綻する。彼は極度の疲労から倒れ、今でいう認知症のような状態になってしまう。

窮地に立たされたスウは自分の夢を封じ、弟と妹に高等教育を最後まで受けさせようと、父親の介護をしながらピアノ教師として懸命に働く。六年の月日が経ち、音楽の勉強を再開する条件が調ったとき、彼女の指はもうかつてのように演奏することはできなくなっていた。けれども、代わりに素晴らしい伴侶と出会い、新しい生活を始めることになる――。

いま読むと、「え、それは本当の意味でハッピーエンドなんでしょうか?」と突っ込みたくなるようなストーリーである。小学六年生のころに読んだときも何だかすっきりしない思いが残り、その後味の悪さは「スウ」という名と共に印象づけられた。

というわけで、「しずかちゃん」が“Sue”というのは、非常に納得できる置き換えなのだった。しずかちゃんは一人っ子だが、登場人物の男の子たちの姉であるかのように、たしなめたり心配したりする場面が多く、「長女タイプ」と思われる。「しずか」の“shi”に近い音で始まる名前としては、“Cindy”や“Sheila”“Sybil”などを思いつくのだが、いずれもちょっぴり元気な感じがする。おしとやかで決してはみ出すことのない、女の子らしい女の子には、口をすぼめて発音される“Sue”という、やや籠もった響きの名前が似つかわしい。

名前が人格形成に与える影響は小さくない。響きそのものやイメージは、その人に付随するものとして必ず何らかの作用を及ぼす。そのことをよく知っているから、人は自ら自分の呼び名を決めたりするのだ。

ウェブスター『あしながおじさん』(Daddy-long-legs)の主人公、ジルーシャ・アボット(Jerusha Abbott)は、孤児院で育った女の子である。物語の最初の方で彼女は、孤児院の院長につけられた自分の名前が大嫌いだと語る。「ジルーシャ」は墓石に刻まれていた名から取ったものだし、「アボット」は電話帳から取ったというのだから好きになれなくて当然だが、それでなくとも“Jerusha”はかなり珍しい名前で、重々しい響きを持つ。

赤ちゃんを名付けるときに、名前の由来や人気の推移を調べたりするのに便利な「ベィビー・ネーム・ウィザード」(http://www.babynamewizard.com/)というサイトがある。統計は米国に限定されているのだが、そこで"Jerusha"を調べてみると、「その名前は、これまで米国での上位一、〇〇〇に一度もランクインしていません」と出てくる。古くさいだけでなく、人気がない名前なのである。

ジルーシャは大学生活を楽しむために、「ジュディ」と名乗ることにする。「ベイビー・ネーム・ウィザード」で調べてみると、"Judy"はまずまず人気の高い名前で、ピークの一九四〇年代には一〇〇万人あたり五、五一七人が名付けられたという。"Daddy-long-legs"が出版された一九一二年は、「ジュディ」の人気が急上昇していたころである。それを別にしても、「ジュディ」は何となくかわいい感じのする名前だ。ジルーシャ改めジュディ本人が、その新しい名前のイメージについて「家族みんなにかわいがられて甘やかされ、何の気兼ねもなく、ずっと好き放題に生きてきたよう」だと書いているのもうなずける。

自分で名前を決めようとしたことは、『赤毛のアン』のアンにもあった。マシュウとマリラの家へやってきたアンは、自分が男の子でないために引き取られないと聞かされ、せめて滞在中だけは「コーデリア」と呼んでほしいと頼むのだ。"Cordelia"はケルト系の名前で、シェイクスピアの『リア王』の末娘の名という印象が強い。米国では一八八〇年代に人気が最も高く、一〇〇万人あたり一九一人が名付けられた。"Anne"は一九一〇年代が人気のピークで、一〇〇万人あたり一、九二八人。いまどき「コーデリア」と名付ける親はあまりいないようだが、「アン」

は二一世紀になっても、そこそこの人気を保っている。

『ツバメ号とアマゾン号』に出てくるナンシーは、アマゾン号の船長であり、誇り高い海賊を自称している。本名は「ルース（〝Ruth〟＝慈悲、哀れみ、同情）」だが、海賊は無慈悲（ruthless）なものだから、自分で別の名を選んだのである。名前の響きからしても、彼女には明るくて元気な感じの〝Nancy〟が似合っている。この本を小学生のころ読んだおかげで、私は早くから〝ruth〟という単語を覚えた。

自分で自分のイメージを決めるという意思は大切なものだ。与謝野晶子の本名は「志よう」、実家では「しょうこ」という愛称で呼ばれていた。しかし、歌をつくり始めたとき、彼女は「しょう」に「晶」の字を当て、「晶子」や「あき子」「あき」などの筆名を使うようになった。開放的な響きの「あ」から、きりっとした「き」へと続くこの名を、晶子は本名よりもはるかに自分にふさわしい名だと考えたに違いない。もし、本名の「志」にちなんで「しずか」なんていう筆名にしていたら、文学者としての晶子の歩みは全く違ったものになっただろうし、何よりもそんなセンスの歌人が『みだれ髪』のような歌集を生み出せるはずもないのである。

忘れられない「十一月五日」

ボンド『パディントンのクリスマス』
トラヴァース『とびらをあけるメアリー・ポピンズ』

米オレゴン州出身のマイカーと知り合ったのは数年前の夏である。アジアの芝生について研究している彼は毎年日本を訪れるのだが、先日おしゃべりしていたときのことだ。互いの家族の話になって、彼の弟の名が「ガイ」だというので、思わず「え、ガイ・フォークスのガイ?!」と大声で聞き返してしまった。

だいたい、「マイカー（Micah）」という彼の名前からして珍しい。旧約聖書の「ミカ書」にちなんだ名というが、自己紹介し合ったときに本人が「ぼくの名前は変わってるよ」と言ったくらいだから、あまりポピュラーでないことは確かだ。

そして、「ガイ（Guy）」という弟の名は、やはり"Guy Fawkes"という歴史上の人物と同じだという。この人は一六〇五年十一月五日、イギリス国会の開会式にジェイムス一世をはじめ閣僚たちを爆死させようと企み、議事堂の地下室に大量の火薬を持ち込んだ。しかし、直前に陰謀が発覚して捕えられ、処刑されてしまったのである。

私は「なんで息子に、そんな危険人物の名前をつけるかな〜」と思いながら、「ふうん、ずいぶんと変わった名前だね」とマイカーに言った。彼は彼で「なんで日本人が、そんな昔のイギリスのことを知ってるんだろ」と思ったか思わないか、「君もずいぶんと変わったことを知ってるね〜」と言った。

しかし、ガイ・フォークスについて知っていたからといって、私がイギリスの歴史に通暁しているというわけではない。子どものころ読んだ本に、ガイ・フォークスが度々出てきたというだけなのだ。

まず、大好きだったのが、マイケル・ボンド作「くまのパディントン」シリーズ（福音館書店）である。シリーズ二作目の『パディントンのクリスマス』に収められた「パディントンとたき火」には、十一月五日の「ガイ・フォークスデー」に、花火やたき火を楽しむ風習が紹介されている。

ロンドンに住むくまのパディントンは十一月のある日、「忘れるな、忘れるな、十一月五日を忘れるな。火薬と反逆と、陰謀を忘れるな」と書かれたプラカードと、「ぼろぼろの着物を着た、人間と同じくらいの大きさのわら人形」を見かける。このわら人形こそ「ガイ・フォークス」であり、人々は人形を引きまわした末に、たき火をして人形を燃やすのだ。今ではかなりすたれたというが、この句が書かれた一九五九年にはイギリス各地で行われていたようだ。

パディントンの見たプラカードの文句は、“nursery rhyme”、つまり伝承童謡の一部である。

Remember, remember
The fifth of November,
Gunpowder, treason and plot.
I see no reason
Why gunpowder treason
Should ever be forgot!
Guy Fawkes, Guy,
Stick him in the eye,
Put him up a chimney,
And there let him die.

マザー・グースの"Who Killed Cock Robin?"（誰がコマドリ殺したの）など、イギリスの童謡には残酷なものが少なくないが、これもその一つである。"Remember"と"November"が脚韻を踏んでいて調子よく、内容の怖さを忘れさせる面があるのだろう。言い回しの違うものがいくつも流布しているが、パディントンの目にした最初の連はだいたい共通している。

夏目漱石の短編「倫敦塔《ろんどん》」にも、ガイはちらと顔を見せる。漱石が文部省の留学生として渡英したのは一九〇〇（明治三十三）年十月だった。「倫敦塔」の冒頭には、「余」がイギリスへ行ってまだ間もないうちに、たった一度だけロンドン塔を訪れたことが書かれている。そこは、要塞や宮殿としても用いられたが、時代によっては政治犯や反逆者を幽閉し処刑する場所だった。さまざまな想像を掻き立てられた「余」は、ふと我に返って塔を出る。そして「帰り道にまた鐘塔の下を通ったら高い窓からガイフォークスが稲妻のような顔をちょっと出した。「今一時間早かったら……。この三本のマッチが役に立たなかったのは実に残念である」と言う声さえ聞こえた」というから、「余」がいかに、一七世紀の世界に入り込んでしまったかがわかる。

歴史的事実はさておき、ガイ・フォークスデーが後世の人々にとって楽しい行事だったことをよく伝えるのは、P・L・トラヴァース『とびらをあけるメアリー・ポピンズ』だ。シリーズ三作目のこの本の最初の章で、前作のラストでバンクス家を去って行った不思議なナニー、メアリー・ポピンズが再び戻ってくるのだが、それがたまたま十一月五日なのである。

彼女がいなくなったバンクス家ではすべてがうまく行かず、出勤前のバンクス氏は腹を立てて「きょうは、晩めしには帰らんよ」と宣言する。子どもたちは泣き声をあげ、バンクス夫人は「でも、きょうは、ガイ・フォークスのお祭りですわ。花火をあげてやっていただけるんでしょ」と夫の機嫌をとるように言う。けれども、バンクス氏は「花火なんか、たくさんだ！」

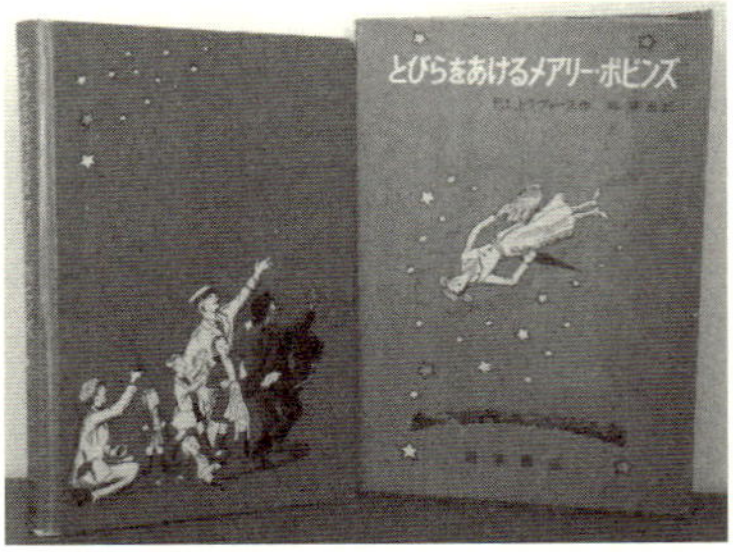

空から降りてくるメアリー・ポピンズ（岩波書店『とびらをあけるメアリー・ポピンズ』函と本体）

と言い放って出てゆく。

ここの場面を原文で読むと、「花火」は“rockets”という単語になっている。バンクス夫人が「あげてやって」と言っているのは、打ち上げ花火なのだ。

"But it's Guy Fawkes' Day," wheedled Mrs. Banks, "And you so good at letting off rockets."

"No rockets for me!" cried Mr. Banks.

原文で読む方が、バンクス氏の子どもじみた様子がわかって可笑しいのだが、それはともかく、その晩バンクス家の子どもたちは、父親でなく煙突掃除人と一緒に公園へ行って花火を楽しむことになる。そして、最後の打ち上げ花火が上がったあと、小さな火花のような姿が空から降りてきて、だんだん大きく明るくなったかと思うと、それは何とメアリー・ポピンズの再来だったのである。

作者、トラヴァースはこの本の冒頭に、十一月五日に関する註を付けている。他のシリーズにはこうした註はない（日本語版では「訳者あとがき」の中で紹介される形となっている）。「一六〇五年から一九三九年まで、どの州の、どの村の広場にも、ガイ・フォークス祭りの日には、かがり火がたかれました。わたくしの住んでいたサセックスの村では、牧師館の裏庭で、かがり火をたきました。(中略)ところで、一九三九年以来、村の広場には、ぜんぜん、かがり火がみられなくなりました。燈《あか》りを消した公園では、花火のかがやきもありませんし、街も暗くて静かです。」(林容吉訳『とびらをあけるメアリー・ポピンズ』より)

一九三九年は第二次世界大戦が始まった年であり、同書が出版されたのは一九四三年、戦争のさなかであった。作者は明るいかがり火、やがて平和な時代が戻ってきたら焚かれるであろうかがり火を待ち望み、願いをこめてこの物語を書いたに違いない。

「いつの日か十一月五日がやってきて――あるいは、ほかの日でもかまいませんが――イギリスの果《はて》から果まで、かがり火が明るくつらなって燃えるようになるでしょう。子どもたちは、まえのように、火のまわりを、踊ったりはねたりするでしょう。手をとりあって、打上げ花火のはじけるのを見たあとは、歌をうたいながら、燈りのいっぱいついたお家《うち》へもどるようになることでしょう……」

かくして、小学生だった私に「十一月五日」は強く印象づけられ、ガイ・フォークスはなじみ深い名前となった。マイカーの弟、ガイがどんな人なのか、ちょっと会ってみたい気がする。

Ⅲ 読むという快楽

私の「隠れ読み」人生

ツワイク／大原富枝『悲劇の王妃』
ワイルダー『大きな森の小さな家』

「読書推進運動」だとか「子どもの本離れを何とかしよう！」といった語句を見ると、「うーん、そんなことしない方が本を読むんじゃないか」と思ってしまう。たぶん「読んじゃダメ」と言われた方が、子どもは隠れてでも読むようになるはずだ。かく言う私も、これまでの人生、こっそり読むことが多かった。

子どものころ、お手伝いやピアノの練習をサボって本を読んでいて「あ、また本読んでる！」と叱られることはあっても、「本を読みなさい」と言われたことは一度もない。階段のてっぺんに腰かけて、母の声が飛んでくるのを恐れつつ「もうちょっと、もうちょっと」とページを繰っていたのは、つい昨日のことのようだ。

授業中に本を読むという悪事を初めてしでかしたのは、小学六年生の一学期である。Ｉさんという友達から借りた、子ども向けに書かれたマリー・アントワネットの伝記がめっぽう面白くて、やめることができなかった。理科の授業中だったことも覚えている。これは、授業内容を覚えているのではなく、公立小学校だったのになぜか教科担任制というのが導入されていたので、本を読みつつも先生の顔くらいは把握していたというわけである。

この本の厚さや版型、二段組みだったことまではっきり覚えている。記憶に従えば、恐らくシュテファン・ツヴァイクの『マリー・アントワネット』をもとに大原富枝が抄訳というか、構成し直した『悲劇の王妃』(一九六一年)だったと思われる。大原は一九六〇年に『婉《えん》という女』で毎日出版文化賞と野間文芸賞を受賞した。この作品の主人公、野中婉は江戸中期の女医で、マリー・アントワネット同様、政争に翻弄された人生を送った。その後も大原は、歌人の原阿佐緒や三ヶ島葭子をはじめ、多くの女性の評伝小説を書いたから、年齢的にも気力、体力の充実していた六〇年代に書かれた『悲劇の王妃』は質のよいものだったに違いない。

本を貸してくれたIさんは、背の高い優等生で、同じ班だった。さぞかしハラハラしながら私のことを見ていただろうが、隠れて読んでいる本人は「先生には絶対わからない」と高を括っていた。

ところが、悪いことにこの理科の先生はクラス担任であった。家庭訪問のとき、先生はため息まじりに「ぼくの授業のときに、ほかの本を読んでるんですよ」と私の母に報告したという。このとき叱られた記憶がないのはどうしたわけだろう。その後、いつのタイミングだったか、母から聞いた話であるのは確かなのに。

もっと重大な「隠れ読み」を犯したのは、六年生の二学期であった。

『大きな森の小さな家』（福音館書店）。何度読み返したことだろう

ある夜、私は母に連れられてピアノ・リサイタルを聴きに行くことになっていた。弟と父は留守番ということで、勤務医の父が珍しく早く夕方に帰宅した。といっても、「お帰りなさい、じゃ、私たち行ってきます」という感じのタイミングでの帰宅だったのだが、そのとき父は玄関先で私に「お土産」を手渡してくれた。ローラ・インガルス・ワイルダー『大きな森の小さな家』だった。

父はよく出張の折などに、こうしたサプライズの本を買ってきてくれた。児童文学について何の知識もないのに、父の買う本は不思議に素晴らしく面白いものばかりだった。当時から私は大きな手提げ袋というものを愛用しており、どこへ行くにも必ず二、三冊の本を持ち歩いていたから、このときもごく自然にお土産の本をするりと手提げに入れたのだろう。

演奏会場で、私と母はかなり離れた席に分かれてすわった。隣り合った座席が予約できないくらい、人気のあるリサイタルだったのだ。私は前から数列目の比較的ステージに近い席だった。母は、そこから一、二列くらい後ろのあたりに坐ったのではないか。

気がつくと、私は『大きな森の小さな家』を読み始めていた。ステージに近かったので、会場の照明が落とされても、本が読めるくらい明るかったのだ。豊かな大自然のなかで生きる一家の物語に引き込まれ、どうしてもやめられなかった。いったい、どのあたりの章まで読み進んだのだろう。ピアノ演奏の記憶は全くない。プログラムの中の一曲さえも、ピアニストが若かったか年をとっていたかも覚えていない。ただ、外国の男の人だった記憶はある。

演奏会が終わって家に帰る途中、私は「どうもマズい」と感じていた。母が全く口をきかないのだ。「いかんな、これは……」

家の前まで帰ってきたとき、門のところで急に母がしゃがみ込んだ。そして、耐えかねたように嗚咽を漏らし始めた。そのときの心もちといったらなかった。大罪を犯したような（実際に犯したのだけれど）、世界の終わりを迎えたような気分だった。

帰宅してからの両親のやりとりは何となく覚えている。母が「あなたが、出かけるときに本なんか渡すから」と父をなじり、父が「そんなこと言っても……」と不利な形勢ながら弁明している脇で、所在ない私であった。

そんな大事件があったにもかかわらず、父はローラ・インガルス・ワイルダーの新刊が出る度に買ってくれた。やがて母も「面白い本ね」と、すっかりワイルダー作品に魅了され、福音館書店のシリーズ全五巻に続けて、岩波書店から刊行された続編『長い冬』『大草原の小さな町』も一緒に読んだ。

しかし、これで「めでたし、めでたし」としてよいのだろうか。最近、子ども時代のことをいろいろ思い出すうちに、あの夜、自分が聴き逃したピアノ演奏が誰のものだったのか、気になってきた。七十代の今も頭脳明晰な母に訊けば、すぐに教えてくれるに違いないが、こればかりはどうしても訊ねる勇気がない。しゃがみ込んで泣いていた三十代半ばの母を思うと、申しわけない思いでいっぱいになる。やはり元新聞記者としては、自分で調べるしかない、と思い定めた。

リサイタルが開かれた時期は、何とか特定できる。当時、買ってもらった本には父が私の名前と日付を書き入れてくれていたからだ。『大きな森の小さな家』の初版は一九七二年七月、本の見返しには「Nov.1972」と書きこんである。この年の十一月に開かれた演奏会と考えて間違いない。

インターネットで手当たり次第に、外国人ピアニストの来日した年を調べてゆく。「リヒテル、ミケランジェリは一九七二年には来ていないなぁ」「ポリーニは初来日が一九七四年だから該当しない」――一九七二年に来日したことが確認できたのは、ハイドシェックとケンプである。来日年が確認できないアシュケナージの可能性は残っているが……。調べるほどに、「こんなピアニストの演奏を聴かないで本を読んでいた子どもって、いったい……」と落ち込む。そして、「もしかすると、こんな巨匠のリサイタルではなかったかも」と自分を慰めたいような気にもなってくる。だいたい、来日したからといって、私が子どものとき住んでいた福岡市まで来ているかどうかわからないのだ。

それを確かめようと、福岡県立図書館のレファレンス係に電話する。県外在住者からの問い合わせにも応じてくれるという。大変ありがたい。

「一九七二年秋に福岡市でリサイタルを開いた外国人ピアニストが誰だったか調べている」と告げると、係の人は言った。

「で、会場はわからないんですね」

「ええ」

「曲目は?」

「それもわからないんです」

「ひとつも?」

「そうなんです……」

「……」

ああ、この惨めな思い。ふつうは、ピアニスト名はわかっているが来日時期やプログラム内容がはっきりしないとか、逆に強烈な印象を受けた由名だけは忘れようがないが演奏者が誰だったかわからない——といった問い合わせになるだろう。それなのに、来日時期だけが特定され、肝心な要素について何も手がかりがないなんて……。

結局、レファレンス係の人から「それじゃ難しいですね」と言われてしまった。しかし、不意に天啓のごとく、「そうだ。福岡へ帰省した折に、西日本新聞社に行って当時の紙面のマイクロフィルムを閲覧させてもらえばいいんだ」と思いつく。

そういうわけで、先日福岡へ行った際、旧知の西日本新聞の記者に、そのことを話すと、「いいですよ」と快く請け合ってくれた。編集局を訪ねると、彼はすでに自分で調べたと言い、一枚の紙をひらひらさせている。「いやー、コンサート評は残念ながらありませんでしたが、『11月のガイド』という催し欄は見つけましたよ」

彼の差し出した新聞記事のコピーを恐る恐るのぞき込んだ私は、思わずうめいた。目に飛び込んできたのは、「◇ウィルヘルム・ケンプ〝ベートーベンの夕〟◇10日午後6時30分。福岡市民会館」という文字である。「こ、これに違いない……」

ウィルヘルム・ケンプは一九七二年当時、七十七歳。演奏活動の中心をベートーヴェンのピアノソナタ全曲に置いていた時期だったから、福岡でも何曲か弾いたのではないか。あの晩、ヴィルトゥオーソの演奏そっちのけで本を読んでいた子どもは、高校生になるとなぜかクラシックに熱中し、やれリヒテルだ、ホロヴィッツだとベートーヴェンのソナタをレコードで聴き比べたりするようになった。大ピアニストの生演奏を聴く機会があったのに（実際に聴いたのに）、そのことをきれいさっぱり忘れていたのが何ともおめでたい。そして、その高校生は長じてもやはり活字中毒で、今も家人が寝てしまった後、枕元の電気スタンドに厚手の布を掛けて光が広がらないようにして、こっそり本を読むことが多い――。

私の「隠れ読み」人生はまだまだ終わらないのであった。

「クアトロ・ラガッツィ」讃歌

松田翠鳳『天正の少年使節』
若桑みどり『クアトロ・ラガッツィ』
松田毅一『天正遣欧使節』

明治生まれの祖父の選ぶ本は渋かった。誕生日祝いにもらったのは、あるときは山本有三『心に太陽を持て』であり、あるときは吉野源三郎『君たちはどう生きるか』であった。小学校中学年の私には、格調が高すぎたのか、読むには読んだがあまり楽しめなかった。

いま思えば、どちらも一九三五年から刊行された「日本少国民文庫」に収められた作品で、もしかすると祖父だなつて自分の子どもたちに与えた本だったのかもしれない。「日本少国民文庫」は山本有三が中心となって編著にあたったシリーズであり、ノンフィクションや偉人の評伝、文学作品などがバランスよく編まれている。戦争に向かおうとする時期にこうした子ども向けの全集が編まれたことは意外だが、「少国民」という言葉に込められた「子どももまた、日本の国民であり、天皇の臣民である」という思想を思えば、教訓的な内容であったのも当然といえる。

４人の少年たちと初めて出会った松田翠鳳著『天正の少年使節』（小峰書店）

このラインナップでいくと、次の誕生日にもらう本は、少国民文庫の一冊、石原純『人間はどれだけの事をしてきたか』あたりになる可能性もあったが、幸いその線は途絶えた。十一歳の誕生日に祖父にもらったのは、松田翠鳳『天正の少年使節』だった。一九七一年度の青少年読書感想文全国コンクールの課題図書になった本なので、そのことも考慮されたかもしれない。

ともかく、この本は素晴らしかった。一五八二（天正十）年二月、十二歳から十四歳の少年四人を乗せた南蛮船は、ローマを目指して出帆する。彼らはポルトガル人宣教師らによる学校「セミナリオ」で学び、ローマ教皇に謁見するために選ばれた特使であった。本はその船出と旅の苦しさ、ヨーロッパでの輝かしい体験や見聞を臨場感たっぷりに伝える内容で、小学五年生の私は夢中になって読んだ。

もちろん、楽しいばかりの作品ではない。少年たちがローマにたどり着くまで三年もの歳月を要し、帰路には五年以上かかったので、再び日本へ帰ってきたのは一五九〇年だった。元号こそまだ天正だったが、彼らを祝福して送りだした織田信長はとうに討たれ、豊臣秀吉の天下であった。のみならず、帰国する三年前にはキリスト教宣教と南蛮貿易に関する禁制文書「バテレン追放令」が出されていた。やがて徳川家康が幕府を開き、一六一二年には天領におけるキリスト教の信仰を禁止する禁教令が出される。

帰国後、伊東マンショと原マルチーノ、中浦ジュリアンの三人は勉学を重ねて修道士になったが、千々石ミゲルは棄教した。マンショは禁教令の出された年に病死し、マルチーノは追放先のマカオで客死する。そして、迫害の嵐をかいくぐって布教し続けていたジュリアンは一六三二年、ついに捕らえられ、翌年逆吊りの刑に処せられた。ジュリアンの最期を描いた『天正の少年使節』の挿絵があまりにも怖くて、そこはなるべく見ないようにして読んだのを覚えている。少年たちの運命は、何と苛酷だったのだろう――。

私はかなり長い間、この本を読んだ感激に浸っていた。どれくらい感激が大きかったかというと、母にも読むことを勧め、母が読み終えてしばらくたったころ、突然（たとえば夕食のときなどに）母に「じゃあ、天正の少年使節の四人、全部言える？」と訊ねていたことからもわかる。

私「伊東！」
母「マンショ」
私「原！」
母「マルチーノ」
私「千々石！」
母「ミゲル」
私「中浦！」
母「ジュリアン」
私「よーし！」
何が「よーし」なのか、よくわからないが、私と母は数年にわたって、しばしばこんなやりとりに興じていた。
これほど熱中したので、二〇〇三年に若桑みどり『クアトロ・ラガッツィ――天正少年使節と世界帝国』が出版されたときの興奮は大きかった。「クアトロ」はイタリア語で「四」、「ラガッツィ」は「少年（複数）」、つまり「四人の少年たち」という意味である。美術史家である若桑氏の文章は小気味よく、私はどの著作も愛読していた。これは読まねばならぬ。
南蛮船の描かれた美しい表紙の本を手にした私は、ゆっくり読めるときの「お楽しみ」にしようと心に決めた。子どものころから、おいしいものは最後までとっておくタイプである。しかし、新聞記者の生活は慌ただしく、二段組み、五五〇ページという大部の本を落ち着いて読める状況はなかなか訪れない。ようやく読み始めたのは、会社を辞めてフリーランスになった二〇〇六年初夏のことだった。

『クアトロ・ラガッツィ』に浸ること一カ月。本当に幸福な時間だった。小学生のころは、少年たちの生きた時代の政治的な背景をほとんど理解していなかったので、現代日本の状況と比べたりして非常に刺激を受けた。しかし、何よりうれしかったのは、著者の若桑氏もまた四人の少年たちをこよなく愛していると感じられたことである。

文中に何度となく登場する「松田氏」が、小学生のときに読んだ『天正の少年使節』の著者である松田翠鳳、本名・松田毅一だとわかったのも興味深い発見だった。松田氏は、戦国時代から江戸時代初期の日欧交渉史、特にスペイン・ポルトガルとの関係についての歴史を専門とする歴史学者だったのだ。

いま『天正の少年使節』を読み直すと、少年たちが携えていった九州三侯の書状や、旅の途中で書かれた日本文の感謝状の写真などが掲載されており、おとなにも読み応えのある一冊となっている。それもそのはず、松田氏は、ヨーロッパ各国やマカオへ足を運び、数々の日本に関する古文書を発見したり翻訳したりした功績で知られる人なのである。

『クアトロ・ラガッツィ』を読み終えた私は、松田毅一『天正遣欧使節』や、従者としてマンショたちと航海を共にした少年コンスタンチノ・ドラードを追った青山敦夫『活版印刷人ドラードの生涯――リスボン→長崎 天正遣欧使節の活版印刷』などを読んで楽しんだ。少年使節の生きた時代を自らと絡める形で探った星野博美『みんな彗星を見ていた――私的キリシタン探訪記』もまた、私を深く感動させた。すべて小学生のころに読んだ一冊が連れていってくれた旅のようだった。

時代の大きなうねりの中で個々の人間が翻弄される残酷さを、小学生の自分がどれほど感じとったかはわからない。けれども、ローマへ旅立った少年使節とあまり変わらない年齢のころ、彼らと出会えたのは大きな幸運だったと思う。

二〇一〇年に上梓した歌集『大女伝説』の冒頭の一連は、「クアトロ・ラガッツィ」というタイトルにした。若桑氏へのオマージュであり、四百年前の少年たちへの呼びかけのつもりで付けた。最初に置いた一首は、四人の中でもとりわけ苛烈な運命を担わされた中浦ジュリアンを偲んだ歌である。

殉教者さかしまに息絶えしのちバンジージャンプを人は楽しむ

本の中の本

モンゴメリ『赤毛のアン』
バニヤン『天路歴程』
オルコット『若草物語』

本という本が読みたくてたまらない子どもだったから、本の中に出てくる読みものにも興味があった。だいたい、本の中の子どもたちは友達同士で遊んだり、異世界で冒険したりするのに忙しくて、本なんて読んでいる暇がない。だから、なおのこと、彼らが読みふけるものなら、きっと面白いに違いないと思っていた。

本が大好きな登場人物の筆頭に挙げられるのは、モンゴメリ『赤毛のアン』の主人公、アンである。グリーン・ゲイブルスに着いたとき、どうせ孤児院に戻されるのであれば、せめて滞在している間だけは「コーデリア」と呼んでほしいと彼女は嘆願する。『リア王』の末娘の寡黙さと、アンの冗舌さが対照的で可笑しい場面だが、彼女がシェイクスピアを愛読しているらしいことは、その後で「いつか本に、ばらはたとえほかのどんな名前でもおなじように香ると書いてあったけれど、あたしどうしても信じられない」と、『ロミオとジュリエット』のせりふを思わせる発言があることからもわかる。

アンのシェイクスピアへの傾倒ぶりは、シェイクスピア研究で知られる河合祥一郎が指摘している。例えば、フィリップス先生が生徒のプリシーにさんざしの花を与えるとき、「美しい花を、美しい人に」(sweets to the sweet) と言ったのは、水死したオフィーリアの遺体に、デンマーク王妃であるガートルードが花を手向けるときの『ハムレット』のせりふに倣ったものだ。アンが「先生にも多少は想像力があったということね」と評するのは、先生もちゃんとシェイクスピアを知っているのね、というプラスの評価なのであった。

マシュウがアンのために流行の服を買おうと店に入った際、「たちまち (at one fell swoop)」気後れを感じる場面も、『マクベス』第四幕第三場で妻子を殺害されたマクダフの「一撃でか? (At one fell swoop?)」という悲痛な問いかけと同じ表現だとわかると、マシュウの狼狽ぶりのおかしさが倍増する。

ほかにも『お気に召すまま』『オセロー』『ヴェニスの商人』……と、モンゴメリは読者を試すかのようにシェイクスピア作品を踏まえた表現をあちこちにちりばめている。シェイクスピアだけではない。少女たちが小川で「うるわしの百合の乙女エレーン」やアーサー王、ランスロットなどを演じて遊ぶのは、学校でテニスンの詩を習ったから、ということになっている。恐らく、「国王牧歌」の中の「ランスロットとエレーン」を意味するのだろう。夏目漱石の初期の短編「薤《かい》露《ろ》行《こう》」も、テニスンのこの作品を下敷きにしている。ほかにも、ウォルター・スコットやバイロンの詩の一節など、数えきれないほどの文学作品が引用されており、『赤毛のアン』

の訳者の一人、松本侑子による懇切な訳註を読むと、いかにモンゴメリが楽しみつつ、この作品を書いたかがわかる。

いたるところに英米の文学作品が顔をのぞかせているのは、『赤毛のアン』の大きな特徴である。そうすることでモンゴメリが自分の作品の文学性を高めようとしたと見る人もいるが、私は必ずしもそうではないと思う。彼女自身が本当にいろいろな文学作品に親しんでいたから、ごく自然に遊びごころも交え、「アン」の世界を豊かに仕上げたのではないだろうか。アンよりも、モンゴメリ自身が筋金入りの「文学少女」だったのだ。

こうした「文学少女」たちがたくさん登場する、もう一つの作品がオルコット『若草物語』である。

この作品の冒頭の章題は、「巡礼ごっこ」だ。マーチ家の四人姉妹は、ジョン・バニヤン『天路歴程』を愛読しており、小さかったころには、それをもとにした遊びを楽しんだという。『天路歴程』は一六七八年に第一部の初版が出版され、二百以上の言語に翻訳されたベストセラーである。芥川龍之介は清朝時代の一八六九年に出版された漢訳版を読み、この本について言及した文章をいくつか書いている。キリスト教徒の主人公が数々の苦難を体験して「天の都」へたどり着くというストーリーは、宗教書ながら読みやすく、『若草物語』が出版された一八六八年当時の米国でも広く読まれていた。

幼い四人姉妹は『天路歴程』に倣い、それぞれが「巡礼」となり、「重荷」に見立てた布袋をしょって帽子をかぶり、家の中を歩き回るという遊びに興じた。そして、成長した自分たちがいま抱える「重荷」は何だろう、と内省を深める。物語半ばの章題「ベス、『美の宮殿』を見つける」「エイミーの『屈辱の谷』」「ジョー、『悪霊』に会う」「メグ、『虚栄の市』へ行く」は、すべて「天路歴程」に出てくる場所にちなんだものなのだ。何て面白そうなんだろう！と小学生の私は思った。そして、十二歳の誕生日祝いに『天路歴程』が欲しいと祖父にねだった。祖父は妙な顔をしつつも約束してくれた。誕生日当日、祖父から渡された包みを勇んで開けると、グラシン紙のカバーに覆われ、赤い帯のついた岩波文庫が二冊出てきた。二巻に分かれた『天路歴程』は竹友藻風の訳によるもので、その内容は――残念ながら、いかに私がジョーたちの巡礼ごっこに憧れていようが、歯が立たない内容だった。

一番のネックは、この物語が戯曲のような形式になっていて、すらすらと読み進めないことにあった（旧かな遣いであることは、父の本棚の『少年倶楽部名作選』を愛読していた私にとってはさほど問題ではなかった）。例えば、「エヴァンジェリスト　それでは、と、エヴァンジェリストは言つた。しばらく、ぢつと立つてゐて下さい。」「すると、エヴァンジェリストは言つた、さういふ事なら何故ぢつと立つてゐられるのです。彼は答へた、どちらへ行けばよいか分らないからです。すると、彼は羊皮紙の巻物を渡した。」というように、登場人物の名とせりふ、地の文が混ぜこぜになっていてわかりにくいこと、この上ない。どうしても作品に入り込むことができず、とうとう読むのをあきらめてしまった。

一方、ディケンズの『ピクウィック・クラブ』もまた、私の興味をそそる書物だった。これも『若草物語』の姉妹たちが熱中している本なのである。四人が四人とも「ディケンズのファン」であり、彼女たちは「ピクウィック・クラブ」にちなんで「ピクウィック・ポートフォリオ」と名付けた自分たちの新聞を、毎週土曜日に編集発行する。このくだりは、抄訳版の『若草物語』では必ず省かれるところだが、「ピクウィック・クラブ」は紀伊國屋書店新宿本店のスタッフ有志による文学フェア実施団体の名前にもなっていて、本好きにはうれしいネーミングである。小学生の私は、どれほど愉快な本なのだろうとあれこれと夢想した。ようやく『ピクウィック・クラブ』を手にしたのは、三巻本のちくま文庫版が出た一九九〇年、二十代が終わろうとするころだった。

けれども、『若草物語』で最も気になっていた本は、別にある。それは、第三章の冒頭、大好きなジョーが屋根裏部屋でりんごをかじりながら読んでいた本だ。いまだに小ぶりの紅玉などを丸ごとかじるとこのシーンを思い出すのだが、子どものころの私は、ジョーが読んでいた本について、『天路歴程』や『ピクウィック・クラブ』のような訳註がついていないのが不満であった。

しかも、この本は、訳者によってタイトルもまちまちなのだ。遠藤寿子訳では『レッドクリッフの世つぎ』、松本恵子訳では『レデクリフィの相続者』、矢川澄子訳では『レドクリフの嫡子』――「だから、どういう話なのか!」と苛立つばかりである。原書では確かに"The Heir of Redclyffe"となっており、まあ、嫡子であろうが世つぎであろうが、どちらでもよいのだが、いったい誰のどういう作品なのか、何の説明もない。

あるとき思い立って、ネットで検索してみると、やっとシャーロット・ヤング(Charlotte M. Yonge)という人が一八五三年に書いたロマンス小説であることが判明した。当時のベストセラーで、ディケンズやサッカレーといった有名作家も及ばないほどの人気を博したという。出版されたのは『若草物語』が書かれる十五年前だから、そのころの読者が読めば、ジョーが熱中して読みふける場面に「いやぁ、わかるわかる~」「私もジョーと同じ!」などと喜んだに違いない。

しかし、インターネットのない時代、百年ほど前のベストセラーがどんな本だったか調べるのは難しかっただろう。二〇一三年に刊行された海都洋子訳の『若草物語』で初めて、この本はちゃんとした注釈付きで紹介された。

メグが駆け上がると、ジョーは、日当たりのいい窓辺に置いた、脚の一本欠けた古いソファでキルトのかけぶとんにくるまり、リンゴをかじりながら『レッドクリフの世継ぎ』（シャーロット・メアリー・ヤング【一八二三―一九〇一】によるロマンス小説）を読んで泣いていた。ここは、ジョーの大好きな「隠れ家」だった。

海都洋子訳『若草物語』上巻より

数十年抱いていた謎は解けたものの、「ジョーが読んでいたのはロマンス小説だったのかぁ。彼女のことだから、『モンテ・クリスト伯』みたいな、活劇風の本かと思ってたよ……」と、かすかな失望も感じる私であった。

マクベス、万歳！

シェイクスピア『マクベス』
カニグズバーグ『魔女ジェニファとわたし』
ローリング『ハリー・ポッターとアズカバンの囚人』

ほの暗い小学校の図書館で、親友が「これ、おもしろいよ」と勧めてくれたのは、シェイクスピアの『マクベス』だった。もちろん、福田恆存訳とか木下順二訳ではなく、詩人で作家の森三千代が子ども向けに書き直した偕成社の「世界名作文庫」（昭和二十六年発行）である。確か四年生か、五年生のころだった。

さっそく借りて読んだら、本当におもしろかった。彼女に「マクベス、よかったよ！」と伝えると、向こうも「そうだろ！」と満足げな顔をした。しばらくは二人で「マクベス」談議に花を咲かせた記憶がある。持つべきものは、本好きの友人である。

森三千代は、今では詩人、金子光晴の妻という方が通りがよいのかもしれないが、この「世界名作文庫」では、ほかに『ロミオとジュリエット』『オセロ』『ハムレット』、またエミリー・ブロンテ『嵐ガ丘』などを手がけている。いま彼女の再話（？）による『マクベス』を読むと、第一幕第二場で「あの血まみれの男は誰だ」とダンカン王に問われる、傷を負った隊長を孤児の少年にしたり、その少年の姉がマクベス夫人の侍女だったりと、子どもが物語に共感しやすいような設定が加えられている。

名作といわれる文学作品を子ども向けに書き直すことについて批判的な人もいるが、これは読む子どもにもよるし、書き直したものの質にもよる。森三千代の『マクベス』は、悪くなかった。その後、五、六年生のころにE・L・カニグズバーグの『魔女ジェニファとわたし』を読んで非常に楽しめたのも、私がすでに『マクベス』のあらすじを知っていたからだと思う。

『魔女ジェニファとわたし』は、主人公のエリザベスが、「魔女」を自称する不思議な女の子、ジェニファと友情を深めてゆく物語だ。転校してきて間もないエリザベスには友達がおらず、ジェニファに教わって「魔女見習い」としての修業を積むのがうれしくてならない。ヒキガエルを育てたり、呪文をとなえて魔法の輪を作ったり……。最後の謎解きの部分で重要な役割を果たすので種明かしはできないのだが、『マクベス』を全く知らない子が、どれほど楽しめるか私にはよくわからない。何しろ、カニグズバーグのこの名作を読んだときには、私自身が『マクベス』に魅了されていた。

そして、それはジェニファも同様だった。

ジェニファ（左）とエリザベス。『魔女ジェニファとわたし』（岩波書店）には作者自身による挿絵が収められている

「魔女はいつでもヒキガエルをもっているのよ。」ジェニファはこたえました。「ヒキガエルが第一の原料よ。」ジェニファはちょっとことばを切って、天のほうをむいて、それからいいました。「どうしたのよ、あんたマクベス読んでないの?」

「う、ううん。」わたしはいいました。「マクベスのこと、きいたことならあるけど。」

「現代の魔女はすべてマクベスを読むべきよ。」ジェニファはいいました。「マクベスにでてくる魔女たちは、すばらしい秘薬を調合したのよ。（後略）」

松永ふみ子訳『魔女ジェニファとわたし』より

ジェニファは、登場する魔女たちの名前も知っていれば、マクベスが破滅するような形で魔女たちが警告したことも知っている。その警告についてエリザベスが知りたがると、「教えない。マクベスを読みなさいよ。現代の魔女はみんな読まなければいけないのよ。あの魔女たちはすばらしいわ」と突き放す。なおもエリザベスが頼み込むと、たいへん的確に『マクベス』の内容を敷衍した例示をいくつかしてみせる。「バーナムの森」にちなんで、「ヒキガエルの巣がおまえに近づくまで、おまえに痛みはこぬぞよ」なんていう警告を与えるのだから、おかしくて仕方ない。そして、物語では、『マクベス』よろしく、「ヒキガエルの巣」がエリザベスに近づくという事態が起こり、彼女は心の痛みを伴う災厄に遭ってしまうのだ。

『魔女ジェニファとわたし』の原題は、"Jennifer, Hecate, Macbeth, William Mckinley, and me, Elizabeth"という長いタイトルだ。"Jennifer"はもちろん「ジェニファ」で、"Hecate"は『マクベス』にも登場する魔術の女神「ヘカテ」を指す。"Macbeth"は「マクベス」、"William Mckinley"はもともと第二十五代アメリカ合衆国大統領の名だが、エリザベスとジェニファの通う小学校の名前なのである。そして、最後に〝me, Elizabeth〟――「わたし、エリザベス」というわけだ。何とも謎めいたタイトルで、大いに興味をそそられる。邦題はなかなか工夫されていてよいが、女の子二人の友情物語というテイストが濃くなり過ぎるきらいもあり、『魔女ジェニファ、マクベス、そしてわたし』くらいにしてもよかったのでは、と思う。

ところで、実際に英語圏の子どもたちは『マクベス』にどのくらい親しんでいるのだろう。オルコット『若草物語』の最初の章には、姉妹がお芝居ごっこをして楽しむ場面で、ジョーが「ほんとは『マクベス』をやってみたいな。将軍バンクォーの亡霊が出てくるための床穴さえ舞台にあればねえ」なんて言うところがある。『若草物語』の出版は一八六八年、『魔女ジェニファとわたし』の出版は一九六七年だから、百年のひらきがあるのだが、本の中の子どもたちは常に『マクベス』に親しんでいる。

それで思い出すのが、一九九九年秋に出張でイギリスへ行ったときのことだ。新聞や雑誌の記者たち数人のプレスツアーで、各地の環境政策を見学した。地元の環境団体の人にヒースの広がる原野を案内された日は、朝から降ったり照ったりという不安定な天候だった。

ミニバスを降りて原野を歩いていたとき、その日何度目だったか、日光が降り注いでいるのに雨がぱらぱらっと降り始めた。ミニバスを運転していたハンチング帽のおじさんと目が合ったので、私はつい「なんだか『マクベス』の冒頭の場面みたいな天気ですね」と言った。すると、おじさんは目をきらっと輝かせてうなずき、何やら唱え始めた。そう、『マクベス』第四幕第一場で、三人の魔女が鍋をかき回している場面の台詞である。

Double, double, toil and trouble;
Fire burn, and cauldron bubble.
Fillet of a fenny snake
In the cauldron boil and bake;
Eye of newt and toe of frog,
Wool of bat and tongue of dog,
Adder's fork and blind-worm's sting,
Lizard's leg and howlet's wing,
For a charm of powerful trouble,
Like a hell-broth, boil and bubble.

増やせ、不幸を、ぶつぶつぶつ。
燃やせ、猛毒、ぐつぐつぐつ。

蛇の切り身を　釜に入れ、
煮たり焼いたり　ぐつぶつぐつ
蛙の指先　イモリの目
蝙蝠《こうもり》の羽　犬のベロ
蝮《まむし》の舌に　蛇の牙
梟《ふくろう》の羽　蜥蜴《とかげ》の手
強い不幸のまじないに
地獄のスープだ、ぐつぶつぐつ。

河合祥一郎訳『新訳マクベス』より

「うわぁ」と感心して聞き惚れていると、おじさんはますます得意顔になる。まだまだ呪文は終わらない。

天気雨の中、長い呪文が終わると、私は拍手し、おじさんはヒースの荒野で深々とお辞儀をした。プレスツアーの一行からずいぶん後れてしまったが、とても幸せな気分だった。

出張から帰ってどれくらいたったころだったか、たまたま書店で"I Like This Poem"という子ども向けの詩の本を見つけた。冒頭に掲げられていたのが、"The Witches' Spell"と題した『マクベス』の一節、まさにイギリスのおじさんが滔々と諳んじてみせた魔女の呪文である。やはり、英米の子どもたちは、こうした一節を入り口に『マクベス』に親しんでいるのだ。

そう言えば、「ハリー・ポッター」シリーズの第三作にあたる『ハリー・ポッターとアズカバンの囚人』の映画（二〇〇四年）の中にも、この呪文は魔法魔術学校の生徒たちの合唱に使われていた（同じ第四幕第一場にある魔女の台詞を挿入し、少し長くしたもの）。このことからも、まだ『マクベス』は、賞味期限が切れていない名作中の名作だということがわかる。

シェイクスピアに限らず、戯曲は慣れていないと読みにくい。英米では一九世紀初めから、チャールズとメアリー・ラムが要約した『シェイクスピア物語』が親しまれてきた。小中学生のために、情景描写を補った物語の形で提供するのは悪いことではないはずだ。現に、小学生だった私は森三千代による『マクベス』でシェイクスピアの面白さを知り、大人になってからいくつもの訳を比べて読んだり、芝居を観に行ったりするようになった。

「マクベス」と聞けば矢も盾もたまらず、ロイヤル・シェイクスピア・カンパニーの来日公演はもちろん、モスクワの劇団「ユーゴザーパド劇場」の斬新な舞台から、ザ・スーパー・カムパニイのダンス仕立ての舞台まで、さまざまな「マクベス」を楽しんできた。タイトルに惹かれてサイモン・ブレットのミステリ『あの血まみれの男は誰だ?』を読んだのも幸運だった。主人公の俳優チャールズ・パリスが「傷を負った隊長」役を演ずる「マクベス」の舞台公演中に、思わぬ殺人事件が起こるのだが、マクベス夫人のせりふの解釈について役者同士が話し合う場面など、「マクベス」好きにはたまらない作品である。

こうした経験はすべて、小学生のときに読んだ『マクベス』によってもたらされたものだ。勧めてくれた親友への感謝の気持ちは、年々深まる一方なのであった。

田河水泡『蛸の八ちゃん』
太宰治『人間失格』
佐藤紅緑『あゝ玉杯に花うけて』

「少年倶楽部」と私

先日、つれあいから「君の言語感覚は古いなぁ」と言われた。一応「歌人」という肩書で仕事をすることもあるし、十一歳も上の人からそう言われては立つ瀬がない。けれども、「むむ……」と反論できずに黙りこんでしまったのは、その指摘が正しいことを、実はずいぶん前から自覚していたからである。

何しろ活字とあらば、片端から読んでしまう子どもだったので、昭和ひとケタ生まれの父が持っていた復刻版の『少年倶楽部名作選――面白づくし・知恵くらべ珠玉全集』（講談社）も読めば、『蛸の八ちゃん』や『のらくろ上等兵』も読んだ。一つには、マンガをあまり買ってもらえなかったので、昔のマンガでも面白くてならなかったのだ。「酒保」だとか「営倉」といった何の役にも立たない語彙が増えたのは、「のらくろ」たちのせいである。

「少年倶楽部」には、一九三二年のロサンゼルス五輪の際、南部忠平選手が三段跳びで優勝したときの観戦記や、「杉野はいづこ、杉野はいずや」のフレーズで知られる廣瀬中佐の美談など、さまざまな読みものが載っていた。日露戦争の際、沈んでゆく船に部下を探しに行った廣瀬中佐は軍神と祀られ、文部省唱歌にもなったが、私の同級生は誰も知らないのではないか。そして、とんち話や科学的な読みものにも増してよく覚えているのが、「滑稽大学」というコーナーである。読者が投稿したなぞかけを、メチャラクチャラ博士というキャラクターが解いてみせる、という双方向の企画なのだが、復刻版を読んでいた子ども時代は、後に有名な小説の中で「メ博士」に再会することなど夢想だにしなかった。

自分は毎月、新刊の少年雑誌を十冊以上も、とっていて、またその他にも、さまざまの本を東京から取り寄せて黙って読んでいましたので、メチャラクチャラ博士だの、また、ナンジャモンジャ博士などとは、たいへんな馴染で、また、怪談、講談、落語、江戸小咄などの類にも、かなり通じていましたから、剽軽なことをまじめな顔をして言って、家の者たちを笑わせるのには事を欠きませんでした。

太宰治『人間失格』より

「恥の多い生涯を送って来ました」で始まる『人間失格』の「第一の手記」に、メチャラクチャラ博士は登場する。多くの太宰ファンが、奇妙な固有名詞に一瞬「なんだ？」と思いながらも眉間にしわを寄せて読み続けるであろう場面で、私は「おお、メチャラクチャラ博士！ 私にとっても『たいへんな馴染』でしたよ！」などと、ただちに「少年倶楽部」の世界へいざなわれてしまうのであった。ちなみに、「ナンジャモンジャ博士」は、同じ講談社から刊行されていた「少女倶楽部」の同様のコーナーにおけるキャラクターだ。

こうした読書体験に加え、両親が古い人だったことも私の言語感覚に影響を与えたと思う。例えば、ころんで膝こぞうをすりむいたときなど、手当てを受ける際は必ず、孝経の一節を唱えさせられた。

父「身体髪膚」

私「しんたいはっぷ！」

父「これを父母に受く」

私「これを、ふぼにうく」

父「敢えて毀傷せざるは」
私「あえてきしょう、せざるは」
父「孝の始まり始まり～」
私「こうのはじまりはじまり～」
最後のフレーズは少々正しくないが、けがをして手当してもらう度にこれが繰り返された。
中学に入学したとき、担任の男の先生は、ちょうど父と同年輩だった。クラスとの初顔合わせのとき、みんなを笑わせようと思ったのだろう、先生は自己紹介をした後、「ぼくたちが中学生だったころはねえ……」と何か黒板に書いていった。チョークで記されたのは「寝台白布、これを父母に受く。あえて起床せざるは、孝の始めなり。」という文章であった。
先生が「こう言って、朝寝坊を決め込んでたんだよ」と説明すると、私はもうおかしくてたまらず、大笑いしてしまった。ところが、はっと周りを見ると、誰も笑っていない。クラスのみんなは「なんじゃや、それは」と怪訝そうな顔をしているではないか。「い、いかん!」——これが、自分の言語感覚はどうもずれているな、と気づいた最初だった。
家には親戚の家からもらってきた佐藤紅緑の『あゝ玉杯に花うけて』もあった。戦前の「少年倶楽部」に連載され、一九二八年に単行本として刊行されるとベストセラーになった作品だ。小柄で「チビ公」というあだ名の貧しい少年、青木千三が、親切な優等生との友情に励まされ、高等学校への進学を志すというストーリーである。

かつて、一度だけ石井桃子にインタビューする機会があった。戦後まもないころの日本の児童文学について、石井が「母を亡くして納豆売り、みたいな情緒的な話ばかりだった」と評したときに、思わずくすくす笑ってしまったのは、実は『あゝ玉杯に花うけて』を思い出したからだ。青木少年は父を亡くして、母と二人で伯父夫婦の家に身を寄せ、売っていたのは納豆ではなくて豆腐だったのだが、まあ、似たようなものである。佐藤紅緑には申しわけないが、この物語には新派の舞台を眺めているような、くすぐったさがあった。

しかし、小学生の私はこの本もまた隅々まで読んで楽しんだ。そのせいで、今も妙な言語感覚を引きずることになった。それは、一人の重要な登場人物のあだ名に関することである。

「天使のはね」のフレーズで知られるランドセルメーカー「セイバン」のコマーシャルソングを聞くと、私は必ず『あゝ玉杯に花うけて』を思い出す。それというのも、青木少年を恫喝し、売り物の豆腐を桶から手づかみで食べたり、せっかくもらった折詰を横取りしたりする悪役の少年のあだ名が、「生蕃《せいばん》」なのだ。

広辞苑（第六版）などを参考にすると、「生蕃」は「中央の教化に服さない異民族。特に、台湾の先住民である高山（高砂）族のうち、漢族に同化しなかった者を、同化した熟蕃と区別してこう呼んだ」というのが、もともとの意味である。しかし、物語では「かれは色黒く目大きく頭の毛がちぢれていた、それからかれはおどろくべき厚みのあるくちびるをもっていた」ところから付けられたあだ名なのだから、悪役にしても気の毒になる。いずれにしても、粗暴で傍若無人な彼が「せいばん」と呼ばれていたことは忘れ難く、その言葉を聞くと、いまだにどきどきしてしまう。

「なんでまた、そんな社名に……」と甚だ失礼なことを思い、調べてみたところ、「セイバン」はもともと播磨産の皮革を使った製品を扱う販売店として大正時代に創業された会社であった。戦後にランドセルなどをつくる「西播鞄嚢製作所」になり、何度かの改組を経て今に至るわけで、「播磨の西＝西播」が「セイバン」の由来と知り、たいへん納得した次第だ。

そして考える。もしかすると、「セイバン」と聞いて『あゝ玉杯に花うけて』を連想するのは日本中で私一人かもしれない――。読書というものがひどく個人的な行為であることが今さらのように思われ、荒野に一人立っているような心もちにもなるのだった。

新しい女の登場

与謝野晶子『愛、理性及び勇気』
ロフティング『ドリトル先生の楽しい家』
ウェブスター『あしながおじさん』

与謝野晶子について調べていたら、ディズニー映画「メリー・ポピンズ」へたどり着いた——。それは全く思いがけないつながりであった。

歌集『みだれ髪』で鮮烈にデビューした与謝野晶子は、「情熱の歌人」というイメージが強いが、多くの社会評論をものした思想家でもあった。その幅広い活動を検証しようと彼女の評論集を読んでいたとき、「ス嬢の自由飛行を観て」という、奇妙なタイトルの文章が気になった。調べてみると「ス嬢」とは、晶子と同時代に活躍した米国の女性パイロット、キャサリン・スティンソンで、大正時代に来日して曲芸飛行を披露していたことが判明した。

この文章の中で、晶子はたいへん熱を込めて、スティンソンを褒めたたえている。

嬢の飛行に表示されたような科学的聡明と個人主義的自尊と、芸術的熱情と、冒険的勇気とがあればこそ、パンカアスト夫人らの婦人参政運動も起こり、キユウリイ夫人のラジユウム発見も遂げられ、カヴェル女史のベルギーにおける壮烈な殉国的行為も生じたのだと思います。こういうところまで洞察して考えない保守的な人たちは、婦人の飛行をもって女性にあるまじきおてんばの行為のように曲解します。

与謝野晶子『愛、理性及び勇気』より

「キュウリイ夫人」は、この文章が書かれた一九一七年当時、すでに二つ目のノーベル賞を受賞していたマリー・キュリーである。「カヴェル女史」は英国出身の看護師エディス・カヴェルと思われる。ベルギーがドイツ軍に侵攻された際、イギリス兵の逃走を助けたことでドイツにスパイ容疑を受け、一九一五年に死刑となった国民的英雄だ。

残る「パンカアスト夫人」が、イギリスにおける「婦人参政権の闘士」だったらしいことはわかったが、詳しい功績がはっきりしない。あれこれ検索しているうちに、なぜかディズニーのミュージカル映画「メリー・ポピンズ」の挿入歌に関するページがヒットした。

ふつうであれば、何かの間違いか、たいしたことのない類似の言葉が入っているのでは……と考えてのぞかないところである。しかも、私はディズニー映画があまり好きではない。キャラクター化された「くまのプーさん」など、アーネスト・H・シェパードの美しい挿画のイメージを壊すものだと苦々しく思っている。

ところが、「メリー・ポピンズ」だけは、どういうわけか例外なのである。私の中では、映画と『風にのってきたメアリー・ポピンズ』が別々の作品として共存しており、それぞれを楽しんできた。中学時代にはサントラ盤のＬＰを買ってもらい、すべての歌を英語で歌えるほど愛好していた――ただ一曲を除いて。

その一曲とは、“Sister Suffragette”である。「古い鎖をたち切って」と訳されているが、“Suffragette”

は婦人参政権論者を指す言葉だ。映画では、バンクス夫人が参政権運動に熱中して家庭を顧みないという設定になっており、そのために寂しい思いをしているバンクス家の子どもたちを、「メリー・ポピンズ」が楽しい魔法で慰める。そして、映画の中でバンクス夫人が、運動の仲間たちと高らかに歌い上げるのがこの曲なのだ。

原作にない脚色は多岐にわたり、原作者のトラヴァースは全編に対して難色を示したという。私も、本の中ではちょっぴり気が弱くて愛すべきバンクス夫人を、こんな活動家に変えてしまうのは全くいただけないと思った。だから、“Feed the Birds”や“A Spoonful of Sugar”などの歌詞は覚えていたけれど、“Sister Suffragette”の内容はちゃんと見たことがなかったのである。

もしや「パンカアスト夫人」は、この歌の中に……と読んでみたところ、果たして真ん中あたりに彼女は登場した。

Political equality
And equal right with men
Take heart for Mrs.Pankhurst
Has been clapped on Iron again

政治の場での平等
そして、男女同等の権利を求め
パンカースト夫人のために盛り上がりましょう
彼女はまたも投獄されて鉄柵を叩いているのですから
（拙訳）

エメリン・パンカーストは、過激な活動家だった。一九〇〇年代初めから、婦人参政権獲得の請願書を届けようと国会突入を図ったりして何度となく逮捕され、獄中でハンガーストライキを決行した。その成果が実り、イギリスで三十歳以上の女性に参政権が認められたのは一九一八年のことだ。

メアリー・ポピンズのシリーズ第一作『風にのってきたメアリー・ポピンズ』が出版されたのは一九三四年である。トラヴァースは特に作品の時代を定めていないので、物語の舞台は発表時期と同時代と考えてよいだろう。ディズニー映画は、無理やりそれをさかのぼらせたのである。脚色の是非はともかく、一九世紀後半から二〇世紀初頭にかけて、各国で女性たちが地位向上や参政権を求めて活発に働きかけるようになったのは事実だ。そして、彼女たちは「新しい女（New Women）」と呼ばれた。イギリス文学史では一八八〇年代から一九二〇年代にかけて「〈新しい女〉小説（New Woman Fiction）」と呼ばれる小説が大流行し、旧弊な家庭婦人の枠から抜け出すヒロインたちがもてはやされた。
この「新しい女」が、ヒュー・ロフティングの「ドリトル先生」シリーズにも登場している。英文学者で作家の南條竹則は『ドリトル先生の世界』で、シリーズ最終巻である『ドリトル先生の楽しい家』に登場する「一人の白人女性」の存在について指摘している。先生がアフリカのガンビア・グーグーという国に立ち寄った際、ツバメたちがその女性について報告する場面があるのだ。

この婦人はたくさんの本を書き、髪をおかっぱに切って、カラーをつけネクタイを結んでいました。つまり当時イギリスで「新しい女」とよばれていたような婦人でした。この婦人はグーグーの国に足をふみ入れるやいなや、王様を家来のように扱って、いかにして国を治めるべきか、いかにして子どもを育てるべきか、そのほか、王様がこころえているべきだというたくさんのことがらについて、いろいろとお説教をしてきかせました。
王様はその女をあまり好かなかったので、早くイギリスに帰ってくれればいいと思っていました。けれども、グーグー人のおかみさんたちは、「新しい女」にすっかり感心してしまいました。

井伏鱒二訳『ドリトル先生の楽しい家』より

ロフティングが「ドリトル先生」シリーズを書き始めたのは一九二〇年である。しかし、物語の舞台はそれよりも少しばかり前に設定されている。ドリトル先生がトミー・スタビンズの家を訪れた後、スタビンズ君の両親はたいそう感激し、後にそれを記念して、部屋の壁に「著名ナル博物学者ジョン・ドリトル博士、紀元一八三九年、当家ニテ笛ヲ奏セラル。」と刻まれた石をはめこんだ。また、進化論で有名なダーウィン（一八〇九〜一八八二）について、ドリトル先生が「あの若いチャールズ・ダーウィンという男」と語る場面もある。南條竹則はこうした記述を総合し、シリーズの舞台は『種の起源』（一八五九年）が出る以前の時代、つまり一九世紀前半だろうと見る。さらに、それにもかかわらず、物語の中にはロフティング自身が執筆していた一九二〇年代の風物や価値観がいろいろ現れるのが愉快なところだと評している。

「新しい女」の描写も、実はその一つなのである。一九世紀の半ばにはまだ「髪をおかっぱに切って、カラーをつけネクタイを結」ぶような風俗はなかった。「新しい女」が最も先鋭的だったのは、婦人参政権運動が活発化した一九一〇年代から一九二〇年代にかけてである。

その象徴とも言える断髪について見ると、フランスでは一九二〇年ごろから髪の短い若い女性が増え、「ギャルソンヌ（少年っぽい女性）」と呼ばれていた。日本では「青鞜」を創刊した平塚らいてうが一九二〇年に断髪し、この時期の婦人雑誌も「束髪から断髪へ」を特集するなど風俗としての広まりを見せた。米国のサイレント映画最大のスター、メアリー・ピックフォードが、彼女の代名詞だった巻き毛を惜しげもなく切り落として世間を驚かせたのは一九二八年のことだった。ロフティングが「ドリトル先生」シリーズを執筆していたのは、まさに国を問わず、近代的な自我に目覚めた「新しい女」が気勢を上げていた時代だったのである。

そんなことを考えていたら、「あっ」と思い出した。ウェブスター『あしながおじさん』の中に、主人公のジュディ・アボットが「あたしたちは『女らしき女について』という講演をきくため、いつもより二十分おそくまで礼拝堂《チャペル》にのこされていました」と記した一節があるのだ。孤児院で育ったジュディが女子大に入学し、まもなく一年目が終わろうとする四月の出来事である。「女らしき女」は原文では〝womanly women〟となっているが、どうして女子大でわざわざ「女らしくあれ」という話を聞かされなければならなかったのだろう。

『あしながおじさん』が出版されたのは一九一二年、なんと「新しい女」の全盛期ではないか。恐らく「新しい女」が増えてくる中で、当然のことながらバッシングも起こっていたに違いない。日本でも同じころ、「新しい女」という言葉が広まるにつれ、それがもてはやされる一方で「ふしだらな女」「恐ろしい女」などのマイナスイメージを伴うようになり、やがて攻撃や揶揄の対象になっていた。米国東部の名門、ヴァッサー大学で経済学と英文学を専攻したウェブスターこそ、「新しい女」の一人であっただろうし、チャペルで行われた講演のくだりは、若い女性に「女らしき女」を説こうとする風潮をやんわりと批判したものではないだろうか。

ジュディは最後から三番目の手紙に、こう書いている。「もしあたしが結婚しても、作家として立っていくことはできると思います。結婚と創作とこの二つの本職が、必ずしも相容れないと限ったわけではないのですから」――これは著者自身の思いでもあったはずだ。

ウェブスターは作家として執筆する傍ら、社会的な活動にも熱心にかかわった。刑務所への訪問、孤児院を改善するための委員会、そして、婦人参政権に関する会議にも参加していた。多忙を極めた彼女は一九一六年六月、初めての出産の二日後、三十九歳で亡くなった。与謝野晶子がエッセイの中で「パンカアスト夫人」にふれたのは、その半年後である。みな、同時代に生きた「新しい女」だった。

IV

偏愛翻訳考

ドリトル先生との再会

ロフティング『ドリトル先生航海記』
『ドリトル先生の郵便局』

二〇一四年春、生物学者の福岡伸一氏がロフティング『ドリトル先生航海記』を新たに翻訳したと聞いたときは胸が躍った。井伏鱒二訳が出版されてから六十年余り、あの愉快な冒険物語が二一世紀の子どもたちのためにどんなふうに生まれ変わったのか、楽しみでならなかった。ようやく手にした本は期待以上に美しい造本である。カバーデザインが洒落ているうえ、カバーを外すとまた別の、水色を基調にした本体が現れる。

福岡伸一氏による新訳版『ドリトル先生航海記』（新潮社）

なつかしい友達に再会した気分でさっそく読み始めた――と書きたいところだが、実は好奇心に負け、まず全体をぱらぱらとめくって、あるものを探してしまった。それは、「オシツオサレツ」の行方である。

双頭の偶蹄類、“Pushmi-pullyu”は、井伏によってそう名付けられた。二つの頭がそれぞれ反対方向を向いているので、どんなに敵が用心深く近づこうとしても、すぐに気づいて逃げてしまう。小学校低学年のころにその恥ずかしがり屋の動物と初めて出会った私はいたく感激して、母に詳しく教えようとした。しかし、母はすでにドリトル先生について知っていたらしく、私が「オサツオシレツっていう動物がいてね……」と話し始めた途端、ふき出した。「それじゃ意味が通じないでしょ」と言われ、私は「意味?」ときょとんとした。そのカタカナ語の意味するところがわからず、自分の言い間違いに気づかなかったのだ。まだ「行きつ戻りつ」だの「差しつ差されつ」といった言い回しを知らないころだった。

慎ましい性格のオシツオサレツ
(『ドリトル先生の郵便局』岩波書店より)

で、“Pushmi-pullyu”だが、福岡氏は「プッシュミ・プルユ」としている。いろいろと考えた末の選択だったのかな、と思いながら「訳者あとがきにかえて」を読んだところ、「今回、私はあまりひねることはハナからあきらめて」、カタカナ表記にしたと書いてあった。英文学者、河合祥一郎氏がすでに二〇一一年から、

『ドリトル先生アフリカへ行く』に始まるシリーズ全作の新訳に取り組み、「ボクコチキミアチ」と訳していることも大きかったらしい。福岡氏は「これにも勝てるわけはありません」と敬意を表している。

「オシツ」「オサレツ」の音の重なりと語呂のよさには脱帽するしかない。だから、半世紀以上親しまれてきた「オシツオサレツ」が福岡訳や河合訳を読む子どもたちと出会う機会のないことは寂しくもある。

そう考えていて、古沢典子『校正の散歩道』を思い出した。著者は戦後まもないころから岩波書店の校正課に勤めた方だが、この本の中に「ドリトル先生」シリーズのことが出てくるのである。以下は、この本に書かれている、非常に魅力的なエピソードの一つだ。

シリーズ三作目の『ドリトル先生の郵便局』で、ドリトル先生は『動物のエチケット』という本を著したために多くの動物から相談の手紙をもらうようになる。その中には、ブタのお嬢さんから送られたものもあった。彼女の質問は、ある育ちのよいブタをほかのブタに紹介するとき、どういう表現が最もふさわしいか、というものだった。先生は「エチケットの目的は、他人を気持ちよくさせることにあるのですから——不愉快なことを思い出させてはいけません」とアドバイスする。

原書では、この箇所は"meet"という言葉は使わない方がよろしいでしょう、とある。中学校の英語の教科書にも、"Nice to meet you!"というあいさつ文は書かれているが、ブタに"meat"（肉）なんて思い出させる言い回しを使ってはダメだ、という言葉遊びである。

井伏鱒二はその部分の初校ゲラに「何かいい文句があったら適当に」と書き添えていたそうだ。翻訳者と校正者、編集者それぞれの信頼関係が篤く、のどかな時代だったのだろう。そのゲラ刷りを見た校正者の古沢さんは、「元来学校よりは寄席で勉強した日本語のほうが身についているような人間」と自認しており、ふっと思いついて井伏の書き込みの横に「ごべっこんに」と鉛筆でいたずら書きをしたという。「ベーコン」と掛けたのである。

再校刷りが出てきたとき、その「べっこん」がちゃんと活字になっていたので、古沢さんはびっくり仰天した。すぐに「責任者のＩさんのところ」へ駆けて行き、「あれは私のいたずら書きで」と謝ったところ、「いいえ、分かっていますが、先生もおもしろいとおっしゃったので採用したのです」と言われ、ほっと胸をなでおろした――この挿話は、本当に何度読んでも楽しい。結果として、ドリトル先生は日本語で「『べっこん。』なる語はさけたほうがよろしい。『お見知りおきを。』――が適当です」とアドバイスするのである。

「責任者のＩさん」というのは、一九五〇年から数年にわたって岩波少年文庫の企画編集に携わっていた石井桃子であろう。そのことも興味深く、私の大好きな箇所なのだが、はて、自分はいつごろ「別懇（べっこん）」を知ったのだろうか、と思う。「押しつ押されつ」より後だったかもしれない。「昵懇（じっこん）」は何度も見たり聞いたりしたことがあるが、「別懇」との遭遇回数はかなり少ない。

子どもの本というものは、子どもの語彙だけで書いてはつまらなくなる。少々難しい言葉や古めかしい言い回しがあっても、子どもはたくましく呑みこみ、いつの日かその意味を知る。それでよいのである。ドリトル先生をはじめとする数々の児童文学の名作によって、私はどれほど豊かな言語体験をしてきたことだろう。その体験は、博物学者、ロング・アローを探しにクモサル島へ向かうドリトル先生一行の旅以上に、スリリングで素晴らしい旅だった。福岡訳、河合訳が出たからといって、井伏鱒二訳が消えるわけではない。子どもたちがどちらと出会うかは、同じ目的地に向かうけれども少し航路が異なる旅、ということなのかなと思う。

正しい発音とは

あなたは「メリー・ポピンズ」派？　それとも「メアリー・ポピンズ」派？

モンゴメリ『赤毛のアン』
ウィーダ『フランダースの犬』
ヤンソン「ムーミン」シリーズ

そう言われてピンとくる人は、たぶん本好きの人だと思う。林容吉訳によるP・L・トラヴァース『風にのってきたメアリー・ポピンズ』以下のシリーズに親しんだ人にとって、“Mary Poppins”は断然「メアリー・ポピンズ」でなければならない。ジュリー・アンドリュース主演のディズニー映画「メリー・ポピンズ」がいかに楽しいミュージカルであろうと、「メリー」というタイトルにはやっぱり違和感を抱く。

もともとの発音にどれほど日本語の表記を近づけるかという問題は、翻訳作品に常について回る。そして、原語に近いほどよいのかと言えば、必ずしもそうでないところが難しい。その言葉の歴史とTPOに関わってくるのだ。例えば、マザー・グースの中で日本でもよく知られている「メリーさんのひつじ」、これを「メアリーさんのひつじ」にしなければ！と主張するほど私も野暮ではない。「メリーさん」だから可愛くて語呂がよいのであって、「メアリーさん」にしたら間延びした感じになってしまう。

また、『赤毛のアン』の主人公、アンを引き取ったマシュウとマリラの姓も、長らく村岡花子訳の「クスバート」になじんできたので、今さら新訳版で「いやいや、“Cuthbert”は『カスバート』と表記するのが本来の発音に近いんですよ」と言われても、「ええ〜、そんなぁ……」と困るのである。

たぶん、子どものころに読んだ本、特に、何度もくりかえし読んだ本は、登場人物の名前が音として体にしみ込むのだろう。だから、誰かに借りて一回くらいしか読んだことのないエレナ・ポーターの本の主人公については、「パレアナ」でも「ポリアンナ」でも構わない（どんなときも物事のよい面を見つけようとする主人公の「しあわせ探し」「よかった探し」に、それほど感心しなかったせいかもしれない）。

おとなになってから読んだ本もそうだ。二十代で出会ったサリンジャーの作品は人並み以上に好きな方だが、『フラニーとゾーイー』だろうが、『フラニーとズーイ』だろうが、あまり気にならない。"Zooey"は珍しい名前で、新訳に取り組んだ村上春樹も複数のアメリカ人にどう発音するか訊ねてみたらしい。「『ズーイ』と発音する人もいれば、『ゾーイ』と発音する人もいて、翻訳者としてはどちらとも決めかねるところだ」というが、「ズーイ」派がいくぶん多かったこと、また村上自身が昔から「ズーイ」という語感をより好むという理由もあって、『フラニーとズーイ』に落ち着いたのだという。

登場人物ではなく作者の名前も、非常に親しんでいた場合は悩ましい。私が子どものころ持っていた遠藤寿子訳『四人の姉妹』を例にとると、作者は「オールコット」と表記されている。この本については、『若草物語』というタイトル、そして「オルコット」という表記の方がメジャーだということを子どもながらに知っていたので、「ま、『オールコット』とも『オルコット』とも言うんでしょう！」と自分を納得させていた。

ところが、四十代も半ばを過ぎてから思いがけなく、Louisa May Alcottの生家、オーチャードハウスを見学することになった。ボストン在住の友人を訪ねた折、サービス精神旺盛な彼女がこちらから頼みもしないのに、「コンコードにドライブしましょう!」と、歴史ある街へ車で連れて行ってくれたのである。定番の観光コースの中にオルコットの生家もあるらしく、否応なく入ることになった。長旅の疲れもあって、ガイドのおばさまが元気よく説明してくれるのをぼんやりと聞いていたが、特に強調される「アルカッ」「アルカッ」という言葉が気になる。はっと気づいて耳を澄ますと、そう、それこそが“Alcott”という、幼いころからよく知る作家の名であった。北米の人は「アルカット」と発音することがわかっても、今さらどの出版社も「オルコット」を変えるわけには行かないだろう。翻訳とは、歴史やら何やらを踏まえ、表現や表記についていろいろな妥協点を見つける作業でもあるように思う。

「タンタンの冒険」を特集した「ユリイカ」2011年12月号(青土社)

だから、主人公の名前が国によって異なるのも、ごくごく自然なことである。ベルギー生まれの「タンタンの冒険」シリーズの場合、主人公の“Tintin”はベルギー・フランス語圏では「タンタン」と呼ばれ、日本でもそれに倣っているが、英語圏では同じスペルで「ティンティン」と呼ばれている。それでは日本語版はすべて、フランス語版と同じかと思いきや、タンタン少年の相棒である白いフォックステリアは、もともとの"Milou"（ミルー）でなく、英語版の"Snowy"（スノーウィ）になっている。白い犬であることもわかるし、耳になじみやすいことで選ばれたのだろう。

スノーウィー同様、有名な犬といえば、『フランダースの犬』のパトラッシュを思い出す。あの忠実で賢い犬、"Patrasche"は、オランダ語では「パトラスヘ」に近い発音らしいが、そもそも作者のウィーダはイギリスの作家であるし、日本では多くの人が「パトラッシュ」という名に親しんでいる。

オランダ語以上に発音になじみのないのが、北欧語の世界である。二〇一四年に生誕一〇〇年を迎えたトーベ・ヤンソンの名作「ムーミン」シリーズにも、翻訳に伴う名前の改変がいろいろ見られる。何と言っても驚くのは、ムーミンの友人として登場する「スナフキン」の本名が、"Snusmumrik"（スヌスムムリク）だということだろう。ヤンソンはスウェーデン語系フィンランド人なのだが、スウェーデン語の"snus"は「かぎタバコ」、"mumrik"は親しみをこめた「あいつ、野郎」といったニュアンスの言葉だという。作中のスナフキンは、かぎタバコでなくパイプを愛用しているようだが、意味としては「かぎタバコ野郎」のような名前なのだ。

この「スヌスムムリク」を「スナフキン（Snufkin）」に変えたのは、一九五〇年に刊行されたイギリス版の『たのしいムーミン一家』("Finn family Moomintroll")の訳者、Elizabeth Portchであった。日本で同書が最初に紹介されたのは一九六六年だ。訳者、山室静は北欧の神話やリンドグレーン、アンデルセンの童話の翻訳で知られる人なので、英語版からの重訳ではないと思うのだが、参考に読んでみて、よいネーミングだと考えたに違いない。"snuff"は、フンフンと匂いを嗅いだり、かぎタバコを嗅いだりするときの動詞だし、"kin"は一族や親族を指す。まずまず「かぎタバコ野郎」に合致したイメージである。そして、これが日本語になると、どうしても「砂」と「布巾」を連想させ、なんとなく清潔感のある、さわやかなイメージを醸すのだ。かくして、さすらいの「スナフキン」は、アニメの影響もあって日本では絶大な人気を誇るキャラクターとなった。

子どもの本の場合、なじみのない音の名前よりも、発音しやすい名前の方がよいのは、各国に共通した事情だろう。"Dr.Dolittle"という人物は、日本ではたぶん永遠に「ドリトル先生」だろうし、それは日本の翻訳児童文学の豊かな実りのひとつなのである。あまり原語の発音にこだわったりすれば、ドリトル先生から「これはしたたり!」とあきれられてしまうに違いない。

「きもの」と「ドレス」

エスティス『百まいのドレス』
オルコット『若草物語』

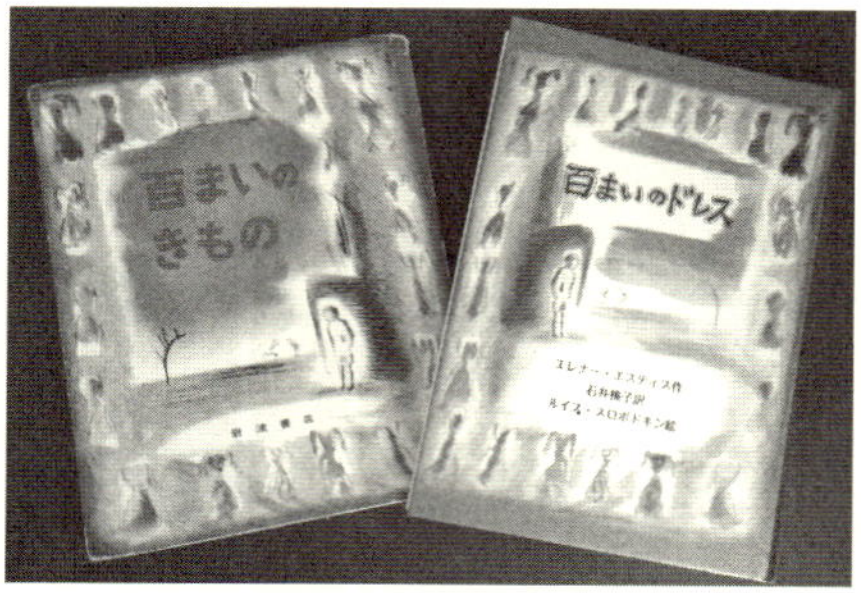

『百まいのきもの』は52年の月日を経て、『百まいのドレス』に生まれ変わった（いずれも岩波書店）

石井桃子の訳したエレナー・エスティス『百まいのドレス』が刊行されたときは驚いた。本が出たのは二〇〇六年十一月、石井は翌春には百歳を迎えようとしていた。その年齢にも感銘を受けるのだが、五十二年ぶりの石井自身による改訳であることに多くの人が驚嘆した。

原書の〝The Hundred Dresses〟は一九四四年に出版されており、日本では石井訳で一九五四年、『百まいのきもの』というタイトルで出た。多分、まだ「きもの」が「着るもの」を指す時代で、「ここではきものを脱いでください」と書かれていたら、「履物」か「着物」かわからない、という笑い話が生きていたころだ。「きもの」はほどなく、「洋服」に対する「和服」のニュアンスを強めて、今日に至る。

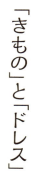

自分の訳業に厳しかった石井は、『クマのプーさん』についても版を重ねる度に手直しをしていたという。ロックフェラー財団の研究員として彼女が渡米した折、作者エスティスにも会っているから、この本への愛着は深く、長らくタイトルも含め訳の古さを気にしていたのではないだろうか。

新訳はあちこちに「おお、こういうふうに変わったか！」と思う箇所があるのだが、最も目立つのは話し言葉の変化である。

旧「セシルを見てごらんなさいよ！」

新「セシルを見なさいよ！」

旧「あたしは、おかあさんに、しまのきものを買っていただいたばかりよ」

新「あたしも、こないだ、おかあさんに、チェックの服、買ってもらった」

旧「ああ、ほんとに、ペギーはワンダをからかうのをやめてくれないかしら」

新「ああ、ペギーがワンダをからかうのをやめてくれたら、いいのに！」

半世紀もたてば、話し言葉は変わる。新しい訳では、女の子たちの言葉の丁寧さが削ぎ落とされ、だいぶシンプルになった。「～わよ」「～かしら」といった語尾が少なくなり、実際の子どもたちの会話に近いものになっている。そのことによって、この本は現代の子どもたちによりリアルな物語として受け容れられるものになったのではないかと思う。それは、この本にとって、というよりも、現代の子どもたちにとって、とても幸運なことだ。というのも、『百まいのドレス』は女の子同士の小さないじめがテーマになっているからだ。

物語に登場するワンダ・ペトロンスキーは、いつも洗いざらしたような青い服ばかり着ている。彼女の同級生たちは、その東欧系の耳慣れない名前に違和感を覚えていたのだろう、「やあい、ペトロンスキー！　オンスキー！」とはやしたてる子もいた。そして、あるとき、着たきりすずめのワンダが、自分の家には百枚ものドレスがあると言い張ったのをきっかけに、ペギーたちのからかいが始まる。女の子たちはしつこく「何まいドレスを持ってるの？」と質問しては、ワンダを笑いものにするのだった。

「いじめ」と「からかい」の境界はあいまいだ。ワンダをからかっている女の子たちにも、いじめているという意識は全くない。にもかかわらず、中心になってワンダをからかうペギーに対して、友達のマデラインは、そんなからかいを早くやめてほしいと願っている。マデラインはペギーと「いちばんの仲よし」だ。けれども、面と向かって「やめようよ」とたしなめる勇気はない。そんなことをして、今度は自分がペギーやほかの女の子たちにからかわれるようになったらどうしよう、と心配だからだ。

ワンダは結局、みんなにさよならも言わず、転校してしまう。マデラインは、ワンダがからかわれている時に傍観していた自分も、からかった子と同じくらい、いや、それ以上に悪かったと省みる。からかった子たちは自分たちのしていることが恥ずかしい行いだと気づいていなかったかもしれないけれど、マデラインはそれが悪いことだと知っていたからだ——。

子どもの心理は、いつの時代も変わらない。新訳のマデラインと自分を重ね、胸をきりきりさせる子はきっと多いに違いない。でも、その子たちが旧訳を読んだ場合、もしかすると何人かは、「ワンダをからかうのをやめてくれないかしら」「つぎに、じぶんをからかいだしたとしたら、どうしましょう!」といった言葉遣いに違和感を抱き、物語に今ひとつ入り込めないかもしれない。そのことを考えると、二一世紀の子どもたちに、新しい訳の本を手渡せるのは、本当にうれしいことだ。そして、それは『百まいのドレス』に限ったことではない。

「若草物語」のタイトルで知られるオルコットの"Little Women"は、昔からよく読まれている本だ。中でも、男の子っぽくて本好きな四人姉妹の二番目、ジョーは人気が高い。私もジョーが一番のお気に入りだった。ところが、遠藤寿子訳『四人の姉妹』(一九五八年初版)を読み返してみると、「え、これがジョーだっけ?」と首をかしげてしまう。

新旧の『若草物語』（いずれも岩波少年文庫）

「おかあさんは、あたしたちのお金については、いっさいおっしゃらなかったわ。何もかもあたしたちにあきらめさせるおつもりじゃないのよ。てんでにすきなものを買って楽しもうじゃないの」
「男の子に生まれてこなかったことが、くやしくってならないのに、今では、もっともっとこまったことになったわ」
「あたし馬だったらよかったわね。そうだとあたし、この気もちのいい空気の中を、幾マイル走ったって、息を切らさないわ。すてきだったわ」

うーむ、私の好きなジョーは、随分とおしとやかではないか。少なからずがっくりきて、二〇一三年に出た海都洋子訳『若草物語』を読んだところ、かつてのイメージ通りのジョーに再会することができた。

「お母さんはみんなのおこづかいについては、なんにも言ってなかったよね。それに、何もかもあきらめなさいということではないと思う。だから、それぞれ自分たちの好きなものを買って、ちょっとだけたのしもうよ」
「自分が男じゃないなんて、我慢できない。それなのにいまじゃもっと悪くなってる」
「わたし、馬だったらよかったなあ。こんな気持ちいい空気の中で、息を切らせることもなしに、何マイルだって走れるんだもの。ああ、いい気分」

そうそう、ジョーはこうでなくっちゃ。しかし、原文は同じなのである。だいたい英語には男女の言葉遣いの差がほとんどない。“so”や“lovely”の多用など、多少女性らしい言い回しはあるというが（これも、ある時代の年配の女性の傾向でしかないだろうが）、どう訳すかでかなり登場人物のイメージが変わってしまう。現代の女の子たちの話し言葉そのものに近づけようとする必要はないと思う。しかし、よりリアルな言葉遣いにした方が、子どもたちの気持ちに添うことになる。

その意味で、子どもの本の新訳というのは大切なことだ。もちろん年月がたっても古びない訳もある。しかし、訳文が時代に合わなくなったために、優れた児童文学作品があまり読まれなくなり、書店や図書館に新しい作品ばかり並ぶのはもったいない。私は自分が子どものころに読んだ名訳に人一倍愛着を感じているが、それでも、作品によっては若い人の感性で新しく翻訳したほうがよいものがたくさんあると感じている。

新訳ブームで『嵐が丘』や『カラマーゾフの兄弟』などの名作が次々に新しく生まれ変わる中、『小公女』や『若草物語』といった子ども向けの古典も少しずつ訳し直されていることをうれしく思う。

ああ、完訳

ユーゴー『ジャン・ヴァルジャン物語』
ルイス『とぶ船』
サン＝テグジュペリ『星の王子さま』

二〇一三年のお正月、両親と大学生の息子と珍しくそろって外出した。前年暮れに公開されたミュージカル映画「レ・ミゼラブル」を観るためである。

最初は歌でせりふが語られることに少しなじめなかったが、だんだん引き込まれた。ファンティーヌを演じたアン・ハサウェイの歌も素晴らしかったし、他の俳優陣もまずまず原作の雰囲気に合っている。観終わって帰宅し、家族で「いやー、よかった」「面白かったね」と話しているうちに、私のテンションはなぜか徐々に高くなった。

「とてもよかったけどさ……」と私は話し始めた。

「でもね、マドレーヌさんが馬車の車輪に挟まれた老人を救うところ。あそこはねぇ、もっと逡巡してほしかった！　お金を出すから助ける者はいないか、って何度も周りの人たちに訊ねるんだし、ジャヴェルとの緊迫したやりとりもあるし、マドレーヌさんの内心の葛藤をもっと描くべきだよ」

「そしてね、ファンティーヌが歯を抜かれるところ。あれは本当は前歯なんだよ。奥歯じゃダメ！　まぁ、アン・ハサウェイの美しさが損なわれるから映画では仕方ないんだろうけれど、前歯だから悲惨なんだよ〜〜」

「ジャン・ヴァルジャンがコゼットを迎えに行くところね、私が監督だったら、やっぱり原作通り、コゼットが水汲みに行った帰り、重たい桶が不意に軽くなって、ジャン・ヴァルジャンの存在に気づく、っていうふうにしたいよね。あの場面がすごく感動的なのに！」

——と映画評論家でもないのに、好き勝手に言いたい放題だったのだが、ふと不思議に思った。『レ・ミゼラブル』の原作を読んだことはない。子ども向けに書かれたものを読んだだけなのに、どうして自分はこんなにちゃんとディテールを知っているのだろうか。

小学校時代に読んだ岩波少年文庫の『ジャン・ヴァルジャン物語』（上・下巻）が、ヴィクトル・ユーゴー『レ・ミゼラブル』の抄訳であることは、当時から理解していた。「ああ無情」というタイトルで、さまざまな版が出ていることも心得ていた。岩波少年文庫を読んだのは、た

豊島与志雄訳による『ジャン・ヴァルジャン物語』（岩波少年文庫）

またまである。しかし、これは大きな幸運だった。というのも、『レ・ミゼラブル』を翻訳した豊島与志雄その人による抄訳だったからだ。

フランス文学者であり作家、翻訳家としても知られる豊島与志雄は、一高から東京帝大へ進み、フランス文学を専攻した人である。彼によって訳された『レ・ミゼラブル』は一九二四年、「世界文芸全集」（新潮社）の中の四巻本として刊行された。そのときはそれほど評判にならなかったのだが、改訳したものが一九二七年に「世界文学全集」に入る形で再刊され、ベストセラーになった。岩波少年文庫の『ジャン・ヴァルジャン物語』が刊行されたのは一九五三年である。あとがきに豊島は、「この物語のなかに、ユーゴーは、かれの広い知識、人類への愛情、政治的熱情、ゆたかな詩、すべてをうちこんだ。歴史じょう、たいへん重大な時代のヨーロッパの社会を写しだした、この大パノラマのような物語から、少年文庫のために、「ジャン・ヴァルジャン」の周囲を主として抜萃《ばっすい》することは、なかなか容易な仕事ではなかったが、できるだけ忠実にしたつもりである」と書いている。果たして豊島は、いかなる「抜萃」を行ったのであろうか。

『レ・ミゼラブル』と『ジャン・ヴァルジャン物語』を比較しながら読む、という邪道きわまりないことをやってみたところ、後者がいかによく構成されているかがわかった。

まず、原作の冒頭では、後にジャン・ヴァルジャンを改心させるミリエル司教の半生が紹介される。司教のフルネーム「シャール・フランソア・ビヤンヴニュ・ミリエル」が、あっさり「ミリエル」になっているのは当然として、その後も延々とつづられる、教区司教としての苦労話や説教の内容はきれいさっぱり削られている。しかし、贅沢を退け、貧しい人たちのために物心両面で心を砕いているミリエル司教が、銀の食器で食事するのを好んでいたこと、また、司教の家には施錠できる戸がなく、妹や女中さんが不安に思うところの描写は丁寧である。どちらも伏線となる重要な部分だ。

いよいよジャン・ヴァルジャンが登場する章は、ほとんど原作どおりである。宿屋の主人の名前や、その主人のバックグラウンドなどは省かれているが、これはむしろ物語の流れをよくしている。ミリエル司教に会って、丁寧に「あなた」と呼びかけられる場面では、「囚人に対して言わるるあなたという言葉は、メデューズ号の難破者に対する一ぱいの水のごときものである」というくだりが削られている。メデューズ号の難破は一八一六年、帆船時代の最も有名な海難事故として知られる。船から逃れた人たちがいかだに乗って漂流する様を描いたジェリコーの絵からも、それがいかに当時の人々の関心をひきつけたかがわかるが、現代の小中学生にとってはタイタニック号の沈没（一九一二年）よりも遥かな昔の出来事である。

大幅に削られているのは、ファンティーヌがコゼットを産むまでの経緯である。一言で言えば、美しいファンティーヌが若気の過ちで妊娠してしまう、という内容なのだが、ここでも一九世紀当時のパリの青年たちの放縦な生活ぶりだとか、シャンゼリゼ通りやセーヌ河畔の描写などが長々と語られる。むろん、教育上よろしくないということもあってだろう、この章はまるまる省かれ、もうすぐ三歳になるコゼットを連れたファンティーヌが初めて登場する形になっている。

彼女がテナルディエのおかみさんと互いの子どもたちを一緒に遊ばせている場面では、自分が「未婚の母」であることをどう説明するのだろうと、はらはらするのだが、何のことはない、ファンティーヌは「女工をしていたこと、夫が死んだこと、パリーで仕事がなくなったこと」（傍点・筆者）などを縷々《るる》語り、子どもを預かってくれないかと頼む。コゼット誕生までの経緯がなくても、物語全体からみれば何ら問題はないのであった。一方で、「国家で一ばん大きな仕事をする人間、それは保姆《ほぼ》と教師の二つです」といったせりふが削られずに残っているあたり、ユーゴーの思想がしっかりと伝えられていることを感じさせる。

こうして見てくると、『ジャン・ヴァルジャン物語』の方が、原作よりもスピード感があり、全体の骨格が強く印象づけられると同時に、随所のエピソードが際立っていることがわかる。原作も面白いには面白いが、あまりにも長いので途中で読む方の気力がだれてしまう。

このことはフランス文学者の鹿島茂も指摘している。高校生になっていろいろな小説を乱読し始めた鹿島は、『レ・ミゼラブル』を「かなりの興味をもって全訳版を読破したのだが、その割には読後の印象は散漫だったという記憶がある」と述懐する。

「おそらく、トルストイやバルザックのレアリスムになれた目には、ユゴーの語り口がいささか古めかしく映ったからなのだろう。それに、ひたすらストーリーを追い求める一途な高校生にとって、ユゴーの好む脱線がただ煩わしいものとしか感じられなかったのはいたしかたあるまい」（『「レ・ミゼラブル」百六景』より）

たいていの読者は「ひたすらストーリーを追い求める」ものであり、私も例外ではない。実のところ、『レ・ミゼラブル』は、ミリエル司教の人となりが語られる最初のところで、早くも挫折しそうになった。この章で唯一面白かったのは、プロヴァンス出身のミリエル司教が教区の人たちに溶け込もうと、下アルプ地方の言葉で「どこば通っておいではったか」、あるいは上ドーフィネ地方の言葉で「よか羊と、脂肪《あぶら》のうんとあるよかチーズを持ってきちゃんなさい」などと言い、人々を喜ばせたというくだりである。福岡出身の私にとっては、ずいぶん昔に聞いた故郷のお年寄りの話しぶりを思いださせる言い回しであり、豊島与志雄が福岡県朝倉郡（現・朝倉市）の出身だったことを認識する興味深い箇所なのだが、これがどこの方言かわからない人はさほど興趣を感じないだろう。

こうやって見てくると、「完訳」だけが必ずしも価値あるものではないことがわかる。それで思い出すのが、子どものころに愛読したヒルダ・ルイス『とぶ船』である。

訳者の石井桃子は、あとがきで『『とぶ船』は、ぜんぶ忠実に訳すと、たいへんながくなりますので、どの事件も、どんな、だいじなことばも、傷つけないようにと気をつけながら、いくつかの場所で省略したことを、おことわりいたします」と記している。この物語がとても面白かったので、小学生の私は「ええ〜、石井さん、そんなこと言わずにぜーんぶ訳してくれたらよかったのに!」と残念に思った。

しかし、後に原書を読んで確かめたところ、削られた箇所は納得できるものばかりだった。例えば、物語の主人公である子どもたち四人は、寝る前にそれぞれ違った軽食を食べる習わしなのだが、そのメニューについて作者は不必要に詳しく書いている。シーラの「あたたかいトーストに、ジャムをつけたのを二つ」は、原文では「ジャム」の後にかっこ書きで「ラズベリーかイチゴ、でもクロスグリのことは絶対ありませんでした。シーラはクロスグリが大嫌いでしたから」なんて説明がある。また、軽食を載せた色違いのトレーの模様や、それが子どもたちのためにお母さんがイタリアで買ってきたものだということまで書かれている。石井桃子はそうした余計なことを刈り込んで、物語の形を整えたのだ。

子どもたちがエジプトへ行く章では、市場で彼らが嬉々としていろいろな菓子を試食し、「ショーガのお砂糖づけだ！」「イチジクの砂糖煮！」と言い当てる様子が描かれている。石井訳には、この二品しか登場しないが、原文には三品目として“Turkish Delight!”というせりふがある。C・S・ルイス『ライオンと魔女』にも登場した「ターキッシュ・ディライト」だ。英国の子どもにとっては、やっぱり魅惑的なお菓子のようだ。『ライオンと魔女』では、章のタイトルとして“Turkish Delight”が出てくるので逃れようがなかっただろうが、『とぶ船』ではたまたま三品目であるし、石井は省略して構わないと判断したのだろう。

時空を超えられる『とぶ船』（岩波少年文庫）に心を躍らせた

その後、お菓子の代金を払えず窮地に陥った四人を、ある男性が救う。彼が自分の家に子どもたちを連れていく場面で、一行を待っていたのは「ほそ長い、クリーム色の自動車」と訳されている。この車、原文では“a long cream-coloured Hispanio-Suiza”――つまり高級車として知られたイスパノ・スイザなのだ。一九二〇年代から三〇年代にかけて、ロールスロイスと並ぶ高級車メーカーとして知られた固有名詞は、『とぶ船』が出版された一九三九年には子どもたちにもよく知られていたのだろう。しかし、このメーカーは第二次世界大戦後まもなく売却され、後年フランス企業の傘下に入った。読者である現代の子どもたちをわくわくさせる固有名詞でないなら、訳註など入れるより削った方がいい。

石井桃子は一九五〇年から一九五三年にかけて、「岩波の子どもの本」と「岩波少年文庫」の企画編集に関わった。『とぶ船』が岩波少年文庫の一冊として刊行された一九五三年当時、彼女は翻訳者であると同時に編集者でもあったのだ。よい作品を日本の子どもたちに、という理想を胸に仕事をしていた石井に、たぶん迷いはなかった。冗長な部分を削って、物語としての骨格をしっかり伝えることが第一であり、一字一句、日本語に置き換えることは、本当の意味での翻訳ではなかったはずだ。

豊島与志雄による『ジャン・ヴァルジャン物語』は、『とぶ船』と同じ一九五三年に刊行された。そして、名訳の誉れ高い内藤濯による『星の王子さま』(岩波少年文庫)の刊行も一九五三年である。

内藤はあとがきに「訳者としてはできるだけ良心をもって事にあたったつもりですが、訳筆を進めてゆくうちに、もとの文体の単純さが日本語に移しきれなくて、気おくれしたことも一度や二度ではありませんでした。でもそこを、さほど不体裁でなく切りぬけることができたのは、お忙しいところを何かと面倒を見てくださった石井桃子さんのおかげです。あつくお礼を申しあげます」と謝辞を述べている。恐らく、『ジャン・ヴァルジャン物語』についても、編集者・石井桃子は「何かと面倒を見」たはずだ。『レ・ミゼラブル』という長大な作品を誰よりも知り尽くしていた豊島と、たぐいまれな編集の才覚をもった石井が組んで作り上げたのが、『ジャン・ヴァルジャン物語』だったと知れば、原作のもつ力が最大限に生かされているのもうなずける。

子どものころに名作の抄訳を読むことについて、「あまり意味がない」「むしろ読まない方がいい」といった意見がある。こうした「完訳至上主義」は一つの見識ではあろう。しかし、優れた編集者、翻訳者による抄訳は、原作の本質を損なうことなく、物語の最も大切なメッセージをきちんと伝えるものだ。『ジャン・ヴァルジャン物語』はそのよき一例である。現在では『レ・ミゼラブル』というタイトルに変わった岩波少年文庫版だが、きっと長く読み継がれるに違いない。

アンの悲しみ

モンゴメリ『赤毛のアン』

村岡花子訳『赤毛のアン』のファンは多い。私の友人の一人も、『『喜びの白い道』なんてダメ、『歓喜の白路』でなくちゃ！　『輝く湖』と『輝く湖水』じゃ、全然違うって」などと力説し、村岡訳に傾倒している。訳語の美しさはさておき、村岡訳がいわゆる「完訳」でなかったことは割に知られているかもしれない。しかし、それが重要な場面の省略を含むことは、私もつい数年前まで知らなかった。

孤児院にいたアンが、マシュウとマリラという独身の兄妹に引き取られるようになったのは、マシュウの意向によるところが大きかった。自分の思いをうまく言い表せない性格の彼が、心に浮かぶことをすべて言葉にしてしまうようなアンを気に入ったのも不思議だが、二人は深いところで理解し合うようになる。

倹約家で厳しいマリラに内緒で、アンの憧れていたパフスリーブの服をあつらえるあたり、マシュウは多感な少女の気持ちを知る親友であり、保護者だったことがよくわかる。だから、ラスト近くで彼が心臓発作を起こして亡くなる第三十七章は、アンにとっても、物語にとっても、大切な箇所であるはずだ。しかし、村岡花子はこの章をたいへん大胆に、ざっくりと削っているのである。

問題の場面は、マシュウが亡くなり、棺に納められてグリーン・ゲイブルスに戻った夜、アンとマリラが悲しみを共にするところだ。

まず、少々引用が長くなるが、中村佐喜子訳（一九五七年初版刊行、角川書店）で紹介しよう。

真夜中に眼がさめた。あたりは闇と静かさに支配された。一日が記憶となってよみがえり、悲しみの波がおしよせた。自分に向けられたマシュウの笑顔を見、ゆうべ門で別れる時の彼の声を聞いた。『わしの娘、――わしの自慢の娘』――涙があふれた。アンはわっとばかり泣き出した。マリラがそれを聞きつけて、なぐさめにはいって来た。

「さあ、――さあ、――そんなに泣かないでおくれよ。泣いたってマシュウは帰らないんだからね。泣くのは、――泣くのは、――よくないよ。そうは思っても、わたしも、泣かずにいられないけど。いつでもわたしにやさしくしてくれた、いい兄さんだったからね、――でも、みんな神さまの思し召なんだよ」

「ああ、マリラ、泣かせといて」とアンがすすり上げた。「涙の方が、胸の痛みよりつらくないわ。ねえ、ここにいて、しばらくあたしに手をまわしててよ、――ええそう。あたし、ダイアナを断ったのよ。やさしい親切な友だちでも、これはあの人の悲しみじゃないでしょ。そとの人で、あたしの心の救いになるだけ近くないわ。これはあたしたちの悲しみだもの、――マリラとあたしだけの。ああマリラ、マシュウがいなくなったら、あたしたちはどうするの？」

「二人で力になり合うんだよ、アン。もしあんたがいなかったら、――（後略）」

こうやって彼女たちは互いに慰め合い、ふだんは心情をあらわにしないマリラが、ついに「ほんとはわたしだって、マシュウに負けないくらいあんたを愛しているんだよ」「わたしはあんたが、自分の血や肉を分けた子供のように可愛いよ。あんたがグリーン・ゲイブルズに来た時から、わたしの喜びやなぐさめだったのだよ」と告白にも近い愛情表現を口にするのである。このせりふも、かなり長い。『赤毛のアン』という作品のクライマックスといってもよい。

さて、同じ場面が村岡訳ではどうなっているか見てみよう。

いつかとろとろとなったアンはふと目がさめ、マシュウと木戸口で別れたときの記憶がよみがえった瞬間、はげしく泣きだした。その声をききつけたマリラが部屋に入ってきた。二人は共に泣き、心から語りあい、なぐさめあった。

（一九五四年初版刊行、新潮社）

これだけである。この段落のあとは、もう葬儀が執り行われる場面へと展開する。

児童書の場合、原作の冗長なところ、本筋にあまり関係がないところが略して訳されるということはままあるのだが、『赤毛のアン』のこの場面については、全く当てはまらない。いったい、村岡花子はなぜ、こんな省略を行ったのだろうか。

英文学者の山本史郎は『東大の教室で『赤毛のアン』を読む』の中で、この問題を取り上げ、村岡が訳したマリラ、「村岡マリラ」が類型的な人物として描かれているからではないか、と見る。ある類型にあてはまり、ただ一つの性質、概念が服を着ているような登場人物を、E・M・フォースターが小説論の中で「フラット」な人物と位置づけたところからの推論である。フォースターは、小説の登場人物は終始一貫したキャラクターの「フラット」な人物と、そうでない多面的で変化する「ラウンド」な人物に二分され、両者の性格は物語のなかで入れ替わることがないとしている。

その説に従えば、「村岡マリラ」は「フラット」な人物であり、終盤にキャラクターが変わることは、訳者にとって好ましくなかったというのである。山本は「村岡花子はとても言語感覚にすぐれていて、物語の構成法への人なみすぐれた理解があったので、このような違和感をとても敏感に察知した」と推し量り、マリラの告白が類型的な人物の語る内容に合わないと判断して端折ったのだと結論づけている。

しかし、実際のマリラは最後の最後に真情を吐露し、その意外性がアンと読者の胸を打つのだから、フォースター言うところの「ラウンド」な人物だったわけである。ちゃんとした翻訳者なら、途中までのマリラの口調を「フラット」な人物のものとして訳していても、アンへの愛情を告げる場面にそぐわないことに気づいた段階で、彼女のせりふを手直しするだろう。

私は山本の説をとらない。村岡花子はそんな翻訳家ではなかったと思いたい。

山本は学生とのやりとりという形で、アンとマリラの悲しみようがあからさまであるため、「日本的な感情の動きへの配慮」をしたのでは、という可能性も指摘している。しかし、「これは美学の問題、あるいは洋の東西の風習や感受性の違いに帰着するような問題だろうか?」と読者に問いかけた後、あっさりとその可能性を否定する。本当にそうだろうか。

私は、山本の見落としていることが一つあると思う。それは、村岡花子が小さな息子を亡くしていることである。一人息子の道雄は一九二六年、六歳になる直前に疫痢で亡くなった。

問題の第三十七章で端折られたのは、アンとマリラの会話だけではない。ところどころで描写が刈り込まれており、棺の中のマシュウの様子や、そこに花々がたくさん入れられていること、また葬儀が終わってからのアンの心境の緩やかな変化などが、ずいぶんと簡潔になっている。もし村岡が、アンとマリラの会話における悲しみの表現が大仰で、日本人にはかえって不自然に感じられると判断したならば、ほかの部分の削りは要らないだろう。いや、二人の会話をあそこまでカットしてしまうならば、むしろ細かな描写は残しておいた方がよい。彼女は、道雄の死の様子や、葬儀の後の自分の心もちをまざまざと思い出させる文章を訳すことに耐えられなかったのではないだろうか。

村岡花子が『赤毛のアン』を訳し終えたのは一九四五年ごろ、本が出版されたのは一九五二年である。貧しさの中で、何とか娘に高い教育を受けさせようと尽力した村岡の父親が亡くなったのは一九四七年だが、享年八十八といえば当時は長生きの方であろう。また、同じ年に六歳下の弟が酒に身を持ち崩して死亡したことは、彼女を深く悲しませたというが、この弟は長男でありながら幼いころ養子に出されたきり、ずっと音信不通だった。村岡にとって、マシュウを亡くしたアンとマリラの悲しみと重なるのは、やはり愛する息子を亡くした深い悲嘆だったと思う。

道雄は、村岡が産んだ、たった一人の子どもである。一九三二年に彼女と夫は、妹夫婦の間に生まれた女児、みどりを養子にもらい、愛情を注いだ。けれども、道雄を失って生じた心の空洞は、決して他の子どもによって埋められるものではない。どれほど歳月が経とうと、堰き止められた悲しみは何かのきっかけで溢れ、奔流となる。

村岡は道雄を回想した文章をいくつか書いた。随筆集『若き母に語る』(一九六〇年)には、「うろこのごときもの」と題した文章が収められている。それは、子を失って「最大の悲痛」を味わったけれども、「私の人生の見方はまったく変りました」という内容である。

人生の喜びと悲しみ、そのさまざまの相《すがた》に対し、なんという浅薄な考えかたをしていたか、人の苦痛に対する同情がどんなに皮相的なものであったか、私はその時、自分の目から「うろこ」のようなものの落ちるのを感じたのでした。

最初期のキリスト教の時代、サウロというキリスト教を迫害していた人物が、天からの光に打たれて目が見えなくなるというエピソードが新約聖書にある。その後、「彼の目から、うろこのようなものが落ちて、元どおり見えるように」なり、サウロは改心してキリスト教の伝道に従事する。つまり、村岡の「うろこのごときもの」は、子を失ったことで人生の真実に気づかされたとする、敬虔この上ないクリスチャンの鑑のような文章なのだ。

幼児洗礼を受け、キリスト教主義の東洋英和女学校で十年間学んだ村岡は、生涯にわたって篤い信仰を持ち続けた。しかし、この文章には自らを納得させようとする痛々しさを感じてしまう。私の思い込みだろうか。

真相はどこに――

あれこれ推測しても自分勝手な想像でしかないので、二〇一五年夏、村岡花子の孫である村岡美枝、恵理の両氏に取材を申し込んだ。

二人は、村岡の養女となったみどりの娘たちである。「赤毛のアン記念館・村岡花子文庫」を運営するなど、村岡の業績を伝える活動を続けている。また、美枝氏は翻訳家として活躍し、二〇一二年にはモンゴメリの遺作『アンの想い出の日々』を訳出した。恵理氏は二〇〇八年に村岡の評伝『アンのゆりかご』を出版したが、この本は後に村岡花子をモデルにしたＮＨＫの朝の連続テレビ小説「花子とアン」の原作となった。

実は、『赤毛のアン』の欠落部分は既に、二〇〇八年に出た改訂版（新潮文庫）で、美枝氏によって補われているのである。巻末におかれた美枝・恵理両氏の連名による「改訂にあたって」には、“Anne of Green Gables”が出版一〇〇周年を迎えるにあたって、新潮文庫の「赤毛のアン」シリーズ全十巻に、訂正を加えたことが記されている。

「その際、一九五二年の日本での出版以来、五十六年間読み継がれてきた祖母・村岡花子の語感をこわさないように留意しました。検討を重ね、あえて改めなかった個所もあります。補訳は村岡美枝がさせていただきました。」

村岡花子の訳に手を入れることには、きっとさまざまな思いがあったに違いない。その苦労や迷いをどうしても聞きたかった。姉妹は快く取材に応じてくれた。

『赤毛のアン』に訳されていない部分があることは、いろいろな人から聞かされたという。美枝さんは「一人の文学者の作品なので、手を入れることはどうなのか、と家族の中で話していました。一方、翻訳作品としては、これから五十年、百年と世代を超えてバトンタッチしてゆくものなので、オリジナルに敬意を表しつつ補えないだろうか、と二十年ほどずっと考えていました」と話す。

村岡花子は子どものために多くの抄訳版、翻案も手がけた。読みやすさを考えれば、そのことは何ら問題ではない。けれども、状況がやや変わってきたのは、九〇年代以降だったという。八〇年代後半に「超訳」された作品がブームとなり、それへの反発から「完訳」を重視する動きが出てきた。

美枝さん自身は「一字一句略さずに訳したものが『完訳』とは思いません。しかし、誰もが原書を手に入れて読める時代になったこともあり、できるだけ略されていない形の翻訳が求められるようになったのだと思います」と話す。

問題のマシュウの死の場面について、美枝さんは「マリラが取り乱して悲しみをあらわにし、アンに対して守る立場から守られる立場に転換する場面。二人の関係の変化がはっきりわかるところですね。どうしてここが削られたかは、正直わかりません」と言う。ただ、翻訳者としての気概を持っていた村岡花子が、私情を挟むようなことは決してなかったはずだと、美枝さんも恵理さんも強く主張する。

二人は、当時の出版事情が大きく関わっていたのではないかと見ている。

「これを見てください」と恵理さんは、『赤毛のアン』の初版本(三笠書房)を持ってきて、開いてみせた。ひとつの章が終わってもページが変わらず、同じページからまたすぐ次の章が始まり、最終章の最後のページまで文字がぎっしりと組まれている。上下や左右の余白も、かなり狭い。当時の出版物は、ルビをふったものが多かったが、この本にはルビはほとんどふられておらず、行間が詰まっている。こうしたレイアウトを見ると、紙を節約するために、やむなく内容を削らざるを得なかった可能性があるというのだ。

三笠書房から出版された『赤毛のアン』の初版(写真提供 赤毛のアン記念館・村岡花子文庫)

『赤毛のアン』が最初に出版された一九五二年、出版界はまだ紙不足に悩んでいた。第二次世界大戦中、出版各社は国家統制によって統合・整理され、印刷用紙も統制割り当てを強いられた。戦後は新しい出版社が続々と設立された一方で、用紙の割り当て制度が続いていたため、慢性的に紙が不足していたのである。一九五〇年にようやく紙の配給制は廃止されたものの、価格の自由化で紙が高騰し、かえって入手しにくくなった。その後、朝鮮戦争の特需などで景気が上向きになる中、徐々に紙不足も解消されたが、『赤毛のアン』が出版されたころ、三笠書房がまだ十分に用紙を入手できる状況でなかったことは大いにあり得る。

二人の推測を裏づける一つの例として、「アン」シリーズの九冊目にあたる『虹の谷のアン』が挙げられる。この本のオリジナルは三十五章から成るが、一九五八年に出た新潮社版には二十九章までしかない。そのうえ、訳された章の中にも省かれた文章が多く、全体としてはオリジナルの半分ほどの分量になっている。

恵理さんは「出版社側から、このページ数で出してほしい、という要請があったのではないか。翻訳した原稿があれば、そうしたプロセスをたどることもできるが、残っていないのが本当に残念です」と話す。

戦後の紙不足のため、どうしてもページ数を減らさなければならなかったことは、ほぼ確実ではないだろうか。『赤毛のアン』の初版本は、まことに簡素な装丁で、戦前に村岡が翻訳した『王子と乞食』や『花咲く家』などの美しさとは比べものにならない。ただ、アンとマリラが悲しみにくれる場面を削る選択をしたのが誰だったのかはもうわからない。

村岡花子が『赤毛のアン』の原書、"Anne of Green Gables"を初めて手にしたのは一九三九年である。第二次世界大戦が始まり、友人だったカナダ人宣教師が帰国を決意した際、その本を託されたのだ。「いつかまたきっと、平和が訪れます。その時、この本をあなたの手で、日本の少女たちに紹介してください」

その言葉を胸に、村岡は戦火に追われながらも、翻訳した原稿と本を大切に抱えていた。ようやく戦争が終わったとき、友人との約束を果たすために、いくつかの出版社に相談したが、なかなかよい返事をもらえなかった。戦前から翻訳に携わっていた村岡は二十冊以上の訳書を出版しており、キャリアは十分認められていた。けれども、当時ルーシー・モード・モンゴメリの作品はまだ一冊も日本に紹介されておらず、その名は全く知られていなかったからである。児童書を手がける出版社は、評価が定まっていて、売れることが確実な『小公女』や『若草物語』といった本ばかりを好んで出版していた。

だから、三笠書房から出版の話があったときは、たいへん喜んだという。同社はそのころ、マーガレット・ミッチェルの『風と共に去りぬ』で大当たりをとっており、次のヒット作になりそうな海外の作品を紹介してもらおうと、村岡を訪ねたのだった。当時すでにカナダでの出版から四十年以上たった「アン」の物語が、日本でそれほど人気を博すかどうか、出版社としては一抹の不安もあったに違いない。何しろ波乱万丈の『風と共に去りぬ』と比べたら、夢見がちな一人の少女の日常は平穏そのものに見える。

しかし、一九五二年に出版された村岡訳の『赤毛のアン』は、日本の少女たちを魅了し、たちまちベストセラーになった。大事な場面の削除が、編集者からの提案によるものだったのか、村岡本人の提案だったかはわからないが、それが作品全体の魅力を損なうものでなかったことは、今日に至るまでの人気が何よりも明らかに示しているだろう。

もしかしたら――と、私はまたしても想像する。三笠書房の編集者は、アンの明るさや愛すべき空想癖に惹かれるあまり、ページ数の都合でどうしても割愛しなければならないとしたら、最後の悲しみの場面しかないと考えたのではないだろうか。戦後まもない時期に、人々の心を明るくしたいという編集者なりの思いもあったかもしれない。

もちろん、村岡は強く反対する。「だって、ここはアンの成長ぶりをよく表す大事な場面ですよ」。編集者は説得する。「いやいや、村岡さん。このページ数に収めなければいけないことはおわかりでしょう？　だとしたら、ここしかない。アンの成長ぶりについては、ほら、続編を出せば読者に伝わるじゃありませんか」。村岡は渋い顔をしながら言い淀む。「続編って、〝Anne of Avonlea〟のこと？　うーん……本当に続きも出していただけるの？」「そりゃあ、もう！」――

性懲りもなくこんな空想をしてしまうことこそ、私自身がいかにアンに影響されたかを示す証拠である。出版されて以来、アンはどれほど多くの読者に愛されてきたことだろう。

二〇〇八年、『赤毛のアン』も『虹の谷のアン』もすべて、美枝さんの補訳で新しく刊行された。出版一〇〇周年に合わせた改訂だったことについて、姉妹は口をそろえて「この大きな節目でなければ、補訳することは不可能だったたと思います」と言う。

村岡花子はエッセイで「書物は私たちの友である。わが行く道を照らす灯である」と書いている。また、「私は自分の仕事に、一種の使命感ともいうべきものを感じている」とも記した。そんな彼女にとって、自分の訳した『赤毛のアン』の「欠落」は、きっと胸の痛むことだっただろうと改めて思う。

十歳のころから英語を本格的に学び、英米文学に親しんだ村岡だが、一方で和歌や俳句をはじめ、日本の古典文学も愛した。エッセイでも数多くの英詩や和歌、俳句を引用しており、例えばテニスンの詩と藤原清輔の歌に共通の哲学があることを指摘するなど、豊かな文学的素養を身につけていた。彼女の訳した『赤毛のアン』に漂う清新な雰囲気と訳語の美しさは、これからもずっと愛され続けるだろう。

V 読めば読むほど

読書感想文の憂鬱

ブルックナー『黄金のファラオ』
石井桃子『子どもの図書館』
バートン『ちいさいおうち』

ごはんを食べるように本を読んできた。私が小学生のころは、今のような「調べ学習」はなかったし、何かのために本を読む、ということは、ほとんどなかった。「〜のために」というのは、あまり楽しいことではない。もちろん調べものをしていて、新しい発見にわくわくすることは子どもにもあるだろうが、それは本を読む楽しさとは別だ。読書感想文を書くために本を読むのは、大嫌いだった。

今となっては、小学生のころ何の本について読書感想文を書いたか、ほとんど忘れてしまったのだが、かろうじて高学年のころにK・ブルックナー『黄金のファラオ』を選んで書いたことは覚えている。なぜ、この本にしたかというと、これがツタンカーメンの王墓発掘を追ったノンフィクションであり、物語ではなかったからである。登場人物の誰にも感情移入しないですむし、提示される事実に驚いたり感心したりすればいいのだ。

思えば、生意気な子どもだった。感想文を書くために、豪華な埋葬品の説明や、著者が空想して盗掘の現場を再現したくだりを読み返しながら、私は「本当に好きな本の感想文なんて書いてやるもんか!」と思っていた。『カッレくんの冒険』や『トムは真夜中の庭で』など、自分にとってこの上なく大切な物語世界を切り刻んで解剖するようなことを、誰が好きこのんでするだろうか。

そういうわけで、石井桃子の『子どもの図書館』を読んだとき、最も心を動かされたのは、絵本作家のバージニア・リー・バートンが石井の開いていた「かつら文庫」を訪れたときのエピソードである。

「かつら文庫」に通っていた「玲子ちゃん」という小学校低学年の女の子は、あるとき『いたずらきかんしゃちゅうちゅう』の絵を見ながら、「あ、これ、『ちいさいおうち』のひとが、かいたんだ」と、どちらもバートンの作品であることを言い当てる。そして、「このひと、いなかのことかくの、すきね」なんて批評する。

それから間もなく、バートンさんが来日して文庫を訪れることになり、子どもたちのための会が開かれるのだが、残念なことに玲子ちゃんは用事があって、みんなが帰った後にようやく駆けつける。バートンさんはおとなたちの会合が始まるのを待っているところだった。ほかの子たちは絵を描いてもらったりしたのだが、玲子ちゃんは少し離れたところから、バートンさんをただひたすら見つめる。そして、しばらくすると黙って帰っていった。

石井桃子は、その後のことをこう記す。

私は、それからも、玲子ちゃんに、「バートンさん、どんな感じだった?」とか、「あのひと、いなかがすきそうなひとに見えた?」とか、聞いたことはありません。そんなことを聞いて、玲子ちゃんが、あんなにいっしょうけんめいにうけいれた印象を、かきまわしてはいけないと思ったからです。

それを聞く時期は、玲子ちゃんが、それを自分でいいだす時か、彼女がもう少し大きくなって、それをまとまったことばでいえるようになってからでしょう。

石井桃子『子どもの図書館』より

子どもに読書感想文を書かせることが果たしてよいことかどうか疑問に思うのは、作品を読んだときに受けた印象を「かきまわしてはいけない」と思うからだ。

「本を読んで感じたこと、思ったことをそのまま書きましょう」なんて言われても、「そのまま」書くことは不可能である。どんなに文章表現に長けていようとも、心に抱いているものを言葉にした途端に、そのときの思いは変質する。それが言葉というものの本質である。

「主人公の○○は、ほんとうにえらいなぁと思いました」「もしわたしが△△だったら、同じことができたでしょうか」「ぼくは、どきどきしながら読んでいきました」……確かに、言葉にすることで、自分が漠然と感じていたものを確認できるという効用はある。しかし、その半面、それまで抱いていたさまざまな思いや印象が、一つの言葉を選んだことで抜け落ちてしまったり、少しずれた形で一語に固着されてしまったりする。

例えば短歌をつくるとき、「悲しい」とか「うれしい」といった言葉をなるべく使わないというのは、初歩の初歩である。「悲しい」では言い表せない、作者固有の悲しみをいかにして表現するか、というのが勝負どころなのだ。けれども、小学生くらいの子どもが、「怖さと期待が半々くらい入り混じって心が躍る感じ」や、「やりきれない思いと憤りに胸がきゅっと詰まるような切なさ」といった複雑な思いを、十分に言葉にすることは難しい。大半は「わくわくしました」や、「かなしくなってしまいました」といった表現になる。

サン＝テグジュペリ『星の王子さま』のよく知られた一節に、「かんじんなことは、目には見えない」という言葉がある。子ども時代の大切な記憶や思いを、言葉という目に見える形にすることは、わずかながらも何かを損なうことだと思う。

本当に大きな感動を覚えたとき、それは恐らく一生、その子の心に残る。言葉にしないまま、そっと胸の奥にしまっておくことで、その感動は子どもの成長と共に熟成し、心を豊かにする。

持っていなかった本

ウェブスター『あしながおじさん』
ベルヌ『二年間の休暇』
杉森久英『海の見える窓』

両親が本を買ってくれるのは、原則として誕生日やクリスマスといった特別な時に限られていた。だから、小学生のころは、学校の図書館や友達の本棚から借りて読んだ本が圧倒的に多い。自分では覚えていないのだが、当時の友達によると「家に来たら、みんなが遊んでいるのに一人で本棚の前にすわり込んでいた」という。新しい本がないか、遊びに行く度にチェックしていたようだ。

Tさんのところにはポプラ社の「怪盗ルパン全集」がそろっていたほか、同社の「子どもの伝記全集」もたくさんあった。前者はよく借りたが、後者はほとんど借りなかった。もしかすると伝記全集も全巻そろっていたのかもしれない。Kさんの家には、ヘレン・クレスウェル『村は大きなパイつくり』やマリア・コブナツカ『ぼくはネンディ』(後に『ネンディのぼうけん』)など今は絶版になってしまった愉快な物語や、リンドグレーンの『ミオよわたしのミオ』『さすらいの孤児ラスムス』、C・S・ルイスの「ナルニア国シリーズ」などがあり、とても魅力的だった。Oさんのところには、石井桃子『三月ひなのつき』や中川李枝子『かえるのエルタ』といった福音館書店の幼年童話が充実していたのを覚えている。親しい友達の本棚はほとんど把握していたから、読みたくなると借りに行っていた。

くりかえし借りるほど好きな本は、自分でも所有したくなる。小学五年生のころ、私が母に何度となく買ってほしいと頼んだのは、ジーン・ウェブスターの『あしながおじさん』である。

小学校の図書館にあったのは、岩波少年少女文学全集のなかの一冊で、続編との合本になっていた。主人公、ジュディ・アボットの軽快な語り口が楽しく、ジュディが描いたことになっているウェブスター自身によるユーモラスな挿絵も好ましかった。何度でも読みたかった。

ところが、母は首をたてに振らなかった。子どもに対して何かを押しつけるということは、それほどない人だったが、この時だけは違った。「あなたが英語で読めるようになったら、英語のを買ってあげるから」というのだ。「はぁ?」と小学生の私はぽかんと口をあけた。いま、たった今、読みたいのだ。それに『あしながおじさん』って日本語で出ているんですよ、お母さん。

母は頑として受け付けなかった。どうも、私に英米文学を原書ですらすら読める人になってほしかったようだ。私は意地のように、いや、本当に『あしながおじさん』が好きで、五、六回は図書館から借りたと思う。せめて挿絵だけでも自分で持っていたくて、ジュディがリスやムカデとお茶会をして「むかでさん　もう一ついかが?」と勧めているイラストなど、気に入った絵の上に薄い紙を置いて丹念になぞったものを大事にしていた。

『二年間の休暇』（福音館書店）は今も大切に持っている。『十五少年漂流記』という題で親しんだ人も多いだろう

長じて私がクロス装の本に執着し、クロス装とみるとそれだけで心が躍るのは、岩波少年少女文学全集の手ざわりが忘れられないからだと思う。あの朱色がかった赤いクロス装こそ、子ども時代における憧れそのものだった。

一方、あえて手に入れたくなかった本というのもあった。それは、友達との貸し借り自体が楽しかったからである。

M君という秀才タイプの同級生とは、比較的家が近く、一緒に宿題をすることもあった。互いの持っている本を貸したり借りたり、というのは、何ともうれしいことだった。六年生のころ、M君は私の持っているジュール・ベルヌの『二年間の休暇』がお気に入りで、私はM君の持っている杉森久英の『海の見える窓』が好きだった。互いに、この二冊だけで少なくとも二回ずつは貸し借りしたと記憶している。

「あ、あれ貸してくれる?」「いいよ」「じゃ、遊びに行くね!」というやりとりは、どう考えても「遊びに行きたい」ということをストレートに言えない、ほのかな恋ごころのなせるわざであった。

けれども、ある日、私がM君に「『二年間の休暇』、貸したげようか?」と訊ねたときのことだ(ふつうに考えれば、「うちに遊びに来ない?」という意味である)。M君はあっさりと「ううん、いいよ。あれ、買ってもらったから」と言った。そのときの私の驚きと落胆は、失恋というには幼すぎるものだったが、人生で初めて味わう種類の苦さだったと思う。

『海の見える窓』は、ちょっぴりロマンティックなタイトルだが、十二歳の少年、敏夫が夏休みに遊びに行った離島で思わぬ冒険をするというストーリーだ。敏夫と仲良くなるサクラ子は、「あんた、夏目漱石の『坊っちゃん』を読んだことないの?」「おもしろいから、こんどぜひ読んでごらんなさい」などとぽんぽん言い放つ、利発で快活な女の子である。「あの本、貸してくれる?」というような婉曲な表現しかできない私には、たいそうまぶしい存在であった。

「杉森久英」という作者名も忘れ難かった。子どもの本を書く人だとばかり思っていたので、後年、直木賞作家であることを知ったときは驚いた。調べてみると、『海の見える窓』は、杉森が『天才と狂人の間』で直木賞を受賞した翌一九六三年に出版されている。もともと信濃毎日新聞に連載された作品なので、受賞の少し前に書かれていたことになる。毎日出版文化賞や菊池寛賞も受賞した作家だが、私にとっては何といっても『海の見える窓』の作者である。

さて、子ども時代に持っていなかった本をおとなになってから買うという事態、これは喜ぶべきことなのだろうか。

クロス装の全集への執着やみがたく、あるとき「岩波少年少女文学全集」を検索していたところ、ネットオークションのサイトでついに見つけてしまった。全三〇巻が一五、五〇〇円だという。私は、うれしさよりも戸惑いを感じた。

あんなに欲しかった『あしながおじさん／続あしながおじさん』をはじめ、やはり小学校の図書館で借りて読んだ『エイブ・リンカーン／ジェーン・アダムスの生涯』もあれば『エヴェレストをめざして／アンナプルナ登頂』もある。違う版を持ってはいるが、『床下の小人たち／野に出た小人たち』や『ふたりのロッテ／町からきた少女』も、あのクロス装で読めたらうれしいだろう。しかし……。

ヒルダ・ルイス『とぶ船』のなかの場面を思い出す。主人公のピーターが古ぼけた店で魔法の船と出会い、店の老人に値段を訊ねるところである。老人は「むかしは、世界じゅうの宝も、この船を買うことはできなかった」「いや、王子であろうと、王であろうと、皇帝その人であろうとも、買うことはできなかった」と話す。ピーターが「ぼくなら、買えると、お思いでしょうか？」と訊ねると、「おまえさんが、いまもっているお金ぜんぶと——それから、もうすこしだ（"It would cost all the money you have in the world — and a bit over"）」と答える。

ピーターは、ポケットにあった硬貨をすべて取り出して並べる。石井桃子は一シリングを「五十円」と訳しており、ピーターの差し出した三シリングは「百五十円」となっている。すると、老人は「この船のねだんは、百五十円だ」と言って船を手渡してくれた。この総額はピーターにとって、父親にもらって自由にできるお金と自分のお小遣いを合わせた額に、「おとうさんにかえすはずの」お金を含むものだった。つまり、彼は意図せずして「じぶんのもっているお金ぜんぶと、それよりもうすこし、よけいに使ってしまった」のである。

この場面は、子どもだった私に深く印象づけられた。本当に欲しい大切なものには、適正な値段がある。安ければよいというものではないのだ。

奇妙な葛藤の末、私はネットオークションで岩波少年少女文学全集を買い取った。前後して『海の見える窓』も手に入れた。所有できた喜びを感じつつ、「あのまま買わずにいてもよかったのに」という思いも抱く。自分はこれらの素晴らしい本を、ふさわしい価格で買わなかった――そんな悔恨である。また、所有したことによって、長年自分の中にあった本が失われたような気持ちにもなった。

M君に借りるのが楽しみだった『海の見える窓』（講談社）

子どものころに読んだ本をおとなになって読み返す楽しみは、確かに存在する。しかし、子ども時代に輝いていた思い出をそのまま温め続けるのも大きな幸福ではないだろうか。読み返したとき、「あれ、こんなストーリーだったかな」「あのころは、あんなに面白かったのに……」とかすかな失望を味わうこともあるはずだ。

あらすじも忘れ、印象的な場面だけが鮮やかに心に刻まれている本は、その人だけの一冊である。記憶違いがあっても構わない。手に残るクロス装の感触や背表紙の光沢、挿絵の印象なども含め、幼いころの自分を熱中させた本の記憶こそ、最良の宝物ではないかと思う。

バナーマン『ちびくろサンボ』
ワイルダー『大草原の小さな町』
コルローディ『ピノッキオの冒険』

時代を越えて

「どれくらい私のこと好き？」と緑が訊いた。
「世界中のジャングルの虎がみんな溶けてバターになってしまうくらい好きだ」と僕は言った。
「ふうん」と緑は少し満足したように言った。「もう一度抱いてくれる？」

村上春樹『ノルウェイの森』より

一九八七年に出版された『ノルウェイの森』は、単行本と文庫本を合わせ、上下巻で一、〇〇〇万部に上る大ベストセラーである。しかし、四半世紀以上たった今、二十代以下の若い読者は「ジャングルの虎がみんな溶けてバターになってしまう」という比喩について、「あ、『ちびくろサンボ』のことだね！」とわかるだろうか。

というのも、一九八八年十二月、小学館、学習研究社、講談社、そして岩波書店が相次いで『ちびくろサンボ』の絶版を決め、それ以来、この絵本はあまり目にすることがなくなったからである。絶版の理由は「人種差別的な内容だから」というものだった。長らく親しまれてきた絵本が短期間のうちに絶版にされたことに、何か居心地の悪さを感じた人も少なくなかった。私もその一人である。

原作者ヘレン・バナーマンが自分の子どもたちのために作った手作り絵本が、"The Story of Little Black Sambo"として出版されたのは一八九九年のことだ。バナーマンはエディンバラ出身のスコットランド人で、当時は医師である夫の任地のインドに住んでいた。インドで生まれた四人の子は、学校へ上がる年齢になると教育のためにエディンバラの親戚の家に預けられ、バナーマンは水彩のスケッチ入りの手紙を子どもたちへこまめに送っていた。

牧師の娘だったバナーマンは、当時の女性としては高い教育を受けた人だったが、美術の勉強をしたわけではない。彼女の描いたオリジナルの絵は、味はあるが、あまりかわいらしくはなかった。多分そのせいだろう、各国でさまざまな絵が付けられ、主人公の男の子は世界中で愛された。そして、それが混乱を生じさせることにもなったのである。

日本で最も読まれたのは、フランク・ドビアスの絵による米マクミラン社版を翻訳した岩波書店の『ちびくろ・さんぼ』だ。一九五三年に刊行され、三十五年間の累計が一二〇万部に上るロングセラーとなった。そのほかにも二十数社が五十種類以上の「サンボ」の絵本を出している。

祖父母の家にあったのは松本かつぢの描いた『ちびくろさんぼ』だった

私が子どものころ、母方の祖父母の家にあったのは、講談社の絵本ゴールド版シリーズの『ちびくろさんぼ』だった。絶版騒ぎを知ったときに、一瞬「え、黒人差別？」とぴんと来なかったのは、この絵本を担当した松本かつぢが「さんぼ」をアフリカ系の黒人に描いていなかったからである。かつぢの描いた男の子は、ごく薄い茶色の肌をしており、たいへん愛らしい。彼は戦前の少女雑誌で中原淳一と人気を二分した画家であり、戦後も幅広く活躍した。この本では、「さんぼ」の両親がターバンをかぶっているなど、バナーマンがインドでこの物語を書いたことを踏まえた描写がされている。『さよならサンボ』（一九九三年）の著者、エリザベス・ヘイは、松本かつぢの「さんぼ」を「なんとも滑稽」「舞台は日本とインドをごちゃまぜにしている」と書いており、ずいぶんな酷評だと恨めしくなる。

そもそも『ちびくろサンボ』が米国で問題になったのは、この絵本が「白人の作り上げた黒人のステレオタイプ」「戯画化された黒人」を描いているという理由だった。米国でも五十種近い版が出版されたが、多くはサンボや両親をアフリカ系黒人として描き、縮れ毛や厚い唇を強調している。そして、岩波で翻訳されたマクミラン社版をはじめとする数点は、人間はこんなに黒くはないだろうというほど肌の色が真っ黒である。

こうした問題は、反黒人差別運動が活発化した六〇年代の米国で指摘され、日本においても七〇年代半ばに児童文学者の間で論議されていた。それにも関わらず、当時は絶版にされなかったが、八八年においては一つの市民団体の抗議が発端となり、あっという間に各社が絶版を決めたのだった。

当時、私は新聞社の家庭面を担当する記者で、子どもの本も守備範囲だったので、この絶版騒ぎについて無関心ではいられなかった。しかし、あれこれ取材したり資料を読んだりするうちに、正直うんざりした。「トラは本来インドにいるので、サンボをアフリカ系黒人として描くことは正しくない」とか、「サンボが最後にホットケーキを一六九枚も食べるのは、黒人が卑しいというイメージを印象づける」「『サンボ』という言葉自体に差別的な意味がある」などという批判は、どこか少しずれているような気がしてならなかった。

いろいろな論議があるのは当然だ。立場によって見方も変わる。私が最もいやだったのは、差別される側の痛みを十分に理解、検証することなく、「右へ倣え」的に出版社が慌ただしく絶版を決めたように見えたことだった。どんな本も尊重されるべきだ。子どものために出版されたものであれば、なおさらその責任が問われる。自然淘汰されることはあっても、人為的に葬られるのはよくないと思った。

私にとって、「サンボ」よりもはるかに強く黒人差別の問題を突きつけてきた本は、ローラ・インガルス・ワイルダー『大草原の小さな町』である。

「ちびくろサンボ」について考察した本をあれこれ読んでいるとき、米国における黒人差別の実態や歴史にふれた箇所で、「ミンストレル・ショー」という言葉が何度となく出てきた。「ああ……」と嘆息する思いになったのは、「インガルス一家の物語」シリーズの、ローラの父さんを思い出したからだ。

『大草原の小さな町』はシリーズ後半の一冊で、登場する子どもたちはみな成長し、姉のメアリーは大学に進学し、ローラは教員免状を手にするくらいの年齢になっている。この本の中で、ローラの父さんは学校で開かれた文芸会で、隣人たちと黒人に扮して歌ったり踊ったりする。それこそが、白人が顔を黒く塗って、黒人を滑稽に演じてみせるミンストレル・ショーなのだ。米国各地で人気を博したこのショーで、あらゆるジョークの的になる愚かな人物の名前が「サンボ」だったという指摘もある。

ローラの父さん、チャールズ・インガルスは、長い間、私の憧れの存在だった。ウィスコンシン州の「大きな森」で、彼は鉄砲でシカを仕留めて燻製にしたり、クマやオオカミを追い払ったりして、家族を守り養う。大吹雪や日照り、イナゴの大群といった苛酷な自然と戦いつつ、夜にはヴァイオリンを弾いて愉快な歌をうたい、子どもたちにお話を語り聞かせる。その生活力と豊かな感性に小学生の私は深い感銘を受けた。だから、いま彼がミンストレル・ショーに自ら楽しんで出演している場面を読むのは、本当につらい。

するど、まん中の通路を、ボロボロのそろいの服を着た五人のまっ黒い顔をした男がすすんできた。その目のまわりは大きくまるく白くなっており、口は幅が広くてまっかだった。（中略）この調子のよい音楽と、目を白く隈どったニコニコした顔と、あらあらしいダンスに、集まったひとたちはすっかり、引きこまれてしまった。

考えているひまもなかった。ダンスが終わると笑い声がはじまった。まわりを白くした目の中の黒目がクルッと一まわりする。大きな赤い口がこっけいきわまる質問を出して答える。また、音楽がはじまった。それに、あらあらしいダンスもはじまった。

鈴木哲子訳『大草原の小さな町』より

中学生のころ初めて読んだときも、この場面には何か落ち着かない気分にさせられた。当時は黒人差別のことなどあまり考えなかったと思うが、どうしてこんな「仮装の黒人ショウ」をローラたちが楽しんでいるのだろう、と疎外感を抱いた。

この本が米国で出版されたのは一九四一年、黒人をはじめとする人種差別を撤廃し、投票権などの権利を求めた公民権運動が活発になるのは五〇〜六〇年代である。そして、ローラの父さんが実際に黒人に扮してみせたのは一八八〇年代だったことを思えば、インガルス一家の人たちがそれを楽しんだことは決して責められない。しかし、そのことと黒人差別の歴史を軽んじたり、今なお残る差別の実態から目をそむけたりすることとは異なる。大好きな本の中にあるミンストレル・ショーの場面によって、私は肌の色の違う人たちをからから残酷さをひしひしと感じることができた。この場面があるから子どもが読むのにふさわしくない、などと言う人がいたら、きちんと反論したいと思う。

どんな作品も時代と切り離せない。現代の感覚や価値観を、古い時代の作者や登場人物に当てはめることはほとんど意味がないだろう。私たちはむしろ、優れた文学作品でさえ時代性から逃れられない面があることを直視し、そこから学ばなければならないのだ。

子どもの本も例外ではない。これまでに「問題」とされた児童書の中には、白人に憧れる黒人の王子、バンポが登場する『ドリトル先生アフリカゆき』もあれば、「エスキモー」や「インディアン」の出てくる『風にのってきたメアリー・ポピンズ』もある。また、『ピノッキオの冒険』には、ずる賢いキツネとネコが足や目が不自由なふりをして同情をひこうとする場面があり、障害者差別だと批判された。

批判しようとすればいくらでも批判できるかもしれないが、私はドリトル先生が動物も人も等しく愛し、英国に留学していたバンポを航海に連れて行くなど、彼に対してたいへん面倒見のよかったことを知っている。また、メアリー・ポピンズの不思議な磁石によって出会う北極圏の住人や、ネイティブアメリカンらしき人は、いずれも威厳と優しさに満ち、悪い印象など持ちようもなかった。ピノッキオを騙すキツネとネコについては、彼らは悪役だと割り切って読んだ。一九世紀の終わりに書かれたこの物語は、全体にやや教訓的な匂いを漂わせており、勧善懲悪の昔話のように楽しむものだと子どもながらに理解していた。

無人島でゼロから出発する生活が実に面白かったデフォー『ロビンソン漂流記』(吉田健一訳)も、いま読むと、クルーソーが終始フライデーを「哀れな野蛮人」呼ばわりするのが悲しくてならない。フライデーが信仰する「ベナマッキー」を否定して、「真の神」「我々キリスト教徒の神」を押しつけるに至っては、不快感にも似たものを抱くが、最初に出版されたのが一七一九年だということを考えれば、それは仕方のないことなのだ。私たちはクルーソーが孤島で仕込んだオウムのポルよろしく、「かわいそうなロビンソン・クルーソー！」と呼びかけ、物語世界を楽しめばよいのだと思う。

そして、ある絵本や物語によって、人がいかに傷ついたかを知ったとき、長く親しんだ作品と訣別することもあるかもしれない。子どもの本ではないが、私にもそんな経験がある。ワーグナー作曲「ニュルンベルクのマイスタージンガー」第一幕への前奏曲が、第二次世界大戦中、ユダヤ人収容所で折々に演奏されていたことを知ったときだ。その事実が書かれた箇所を読んだ途端、息が詰まり、強い吐き気を感じた。そして、「もう、この曲を楽しむことはできない」という、憤りと悲しみの混じった思いが込みあげた。

高校時代、クラブ活動で吹奏楽に明け暮れた私にとって、「マイスタージンガー」の前奏曲はなじみ深い曲である。金管楽器の華やかさの際立つ勇壮な曲で、コンクールの自由曲に選ぶ学校も多かったから、演奏した経験のない私もいつの間にか親しんでいた。今も他校の演奏する姿や会場の雰囲気と共に、全曲を頭の中で再現することができる。だから、中学や高校時代にこの曲を演奏した人たちが史実を知ったときの衝撃の大きさは、私の比ではないはずだ。ガス室に向かう人々の耳に、この曲がどんなふうに響いたのだろうと思うと胸が苦しくなるが、純粋に楽曲を愛してきた人たちのことも思わずにいられない。

「知らなければよかった」――そう思う。けれども、もう戻れない。

きっと、こういうことが、本についてもあるのだと思う。「悪いけれど、もうドリトル先生は尊敬できないな」「さようなら、ローラの父さん」と思う人がいても当然である。人はそれぞれの経験を抱いて生きていくしかないのだ。

差別という問題は根深い。あらゆる差別が世界からなくなることは多分ないだろう。そうであればなおのこと、差別について考える機会はできるだけ多い方がよい。一人の人間が経験できることは限られている。子どものころ、いろいろな本を読まなければ、成長してから「あの本はいつごろ書かれたものだったのだろう」「当時の価値観が、あそこに表れていたんだなぁ」などと考えを深めることはできなかった。

美しい本の数々

トペリウス『星のひとみ』
与田準一『てまりのうた』
内田莉莎子『ゆきむすめ』

就職して親元を離れるとき、大きな決断をしなければならなかった。子どものころに読んだ本との別れである。愛読した二百冊あまりのうち、どれを手元に置いておくか、どれを処分するか――。

「手元に」といっても、当面は実家に置かせてもらい、「処分」といっても、母の通っている教会にある、子どもたちのための文庫に寄付するのだが、それはやはり気の重い作業だった。

考えに考え、『大きな森の小さな家』に始まるローラ・インガルス・ワイルダーの五巻、アーサー・ランサム全集などシリーズものを中心に、手元に残す三十冊ほどを選んだ。英米の作品が多く、例外はベルヌ『二年間の休暇』と、サカリアス・トペリウス『星のひとみ』の二冊だけである。『二年間の休暇』は同級生と貸し借りした思い出の一冊だったので選んだのだが、フィンランドの作家が書いた『星のひとみ』に特別な思い出はない。ほかの本が長編やシリーズものであるのに対し、これは短編集であるのも少し違っていた。ともかく、何か抗し難い魅力があって大好きな一冊だったのである。

作者のトペリウスが「フィンランドのアンデルセン」と呼ばれるほど北欧で愛されている作家であることなど知らなかった。ただ、長く暗い冬が続いたあとに太陽が昇ってくるときの浮き立つ気分だとか、雪の上に横たえられた幼い子が見たオーロラの鮮やかさが、深く心に刻まれていた。凍え死んでしまうほど寒い冬のお話がある一方で、女の子たちがイチゴつみに出かけ、夏の嵐に遭って古い小屋に逃げ込むお話もあった。どのお話にも、物語世界を生き生きと感じさせる挿絵が付いていた。ちょっとしたカットの描線にも、独特の美しさと力強さがあり、小学生の私は魅了された。

熟慮して選んだ約三十冊は、ずっと実家に「居候」させてもらっていた。ようやく実家から運び出したのは、自分の家を建てた六年前のことである。なつかしい友達との再会はただただうれしく、本棚に並んだ様子をうっとりと眺めていたのだが、あるとき、ふと『星のひとみ』の背表紙に描かれた女の子の姿が目にとまった。「そう言えば、あの絵を描いたのは、誰だったんだろう……」

表紙も挿絵も大好きだった『星のひとみ』（岩波書店）

函から取り出し、読み込まれた本を開くと、唯一、開きぐせのついていない扉に「トペリウス作　万沢

まき訳　丸木俊絵」と書かれていた。

「丸木俊！　あの『原爆の図』の！」と驚いたが、調べてみると彼女は一九六〇〜七〇年代を中心に、実に多くの絵本を手がけている。内田莉莎子の訳した『ロシアのわらべうた』や『12のつきのおくりもの』、チャールズ・ギラム作・石井桃子訳『カラスだんなのおよめとり』など、すべて丸木俊の手による優れた作品であった。

中でも私にとってなつかしいのは、スコットランド民話を渡辺茂男が訳した『こまどりのクリスマス』だ。小さなコマドリがクリスマスの歌をうたうためにお城を目指す、というこの絵本がどれほど好きだったかというと、何年生のころだったか忘れたが、冬休みの図工の宿題で、これを模して飛び出す絵本を作ったくらい特別心をひかれていた。丸木俊は一九五〇年から一九八二年まで、夫の位里と「原爆の図」の連作を描き続けた。『星のひとみ』（一九六五年）の挿絵をはじめ、素晴らしい絵本の数々が「原爆の図」と並行して描かれていたことには不思議な感動を覚える。

同じような感激を味わったことは、ほかにもある。例えば、幼稚園のときに購読していた福音館書店の月刊絵本「こどものとも」のなかに、『てまりのうた』（一九六六年）という作品があった。二人の女の子のてまりが、あちこちへ転げていった後、持ち主の女の子たちのところに無事に戻るというストーリーだが、読んでいて何とも言えず気持ちのよい世界で忘れられなかった。おとなになってから、この絵を描いたのが舞台美術家、朝倉摂だと知り、感慨深く思った。いま改めて読むと、北原白秋に師事した与田準一の文章も韻律がよくて魅力的だが、何よりも朝倉の深みのある色づかいや大胆な線が素晴らしい。

「こどものとも」の質の高さは、彫刻家、佐藤忠良を『おおきなかぶ』（一九六二年）の画家として起用したことでも知られる。このお話は、小学校の教科書に掲載され、多くの読者を得るようになったが、私自身は同じ佐藤の絵による『ゆきむすめ』（一九六三年）の方が心に残っている。子どものないおじいさんとおばあさんが、雪で作った女の子をとてもかわいがっていたが、ある日とうとう女の子は溶けて空へ帰ってしまうという物語である。佐藤の描線は人物一人ひとりを、肉体をもった存在としてしっかり表現しており、翳りを帯びた色づかいが悲しい結末を予感させた。いずれもロシア文学者、内田莉莎子の再話による、味わい深い文章でつづられている。

朝倉や佐藤は、絵本以外に挿絵の仕事もいくつか手がけた。その一つが、創元社が一九五三年から五六年にかけて刊行した「世界少年少女文学全集」である。朝倉は「アルプスの山の少女―ハイジ―」が収められた「第17巻　ドイツ編4」、佐藤は「アファナーシェフ童話集」などが入っている第18巻から第20巻にかけての「ロシア編」に絵を描いている。この全集には、向井潤吉や茂田井武も挿絵画家として名を連ねている。全集の装丁を担当したのは、大正から昭和にかけて活躍した画家、初山滋だった。初山の童画は、制作時期にもよるが、シャープで闊達な線と明度の高い色づかいが特徴的だ。こうした美意識をもった画家に、全巻の装丁がまかされたことは、読者である子どもたちにとってとても幸せだったと思う。

国際的に活躍する絵本作家の安野光雅も、この時期に装丁の仕事をしていた。例えば、一九六二年から六三年にかけて講談社から刊行された「少年少女世界名作全集」では、全五〇巻のうち、第一巻『ギリシア神話』や第二巻『聖書物語』、第六巻『宝島』など二十冊以上を手がけた。同じ講談社だからだろうか、私にとって思い出深い杉森久英『海の見える窓』(一九六三年)にも、「レイアウト　安野光雅」と記されている。「さしえ」には別の画家の名前があり、なぜ安野に絵も依頼しなかったのだろうかと不思議に思ってしまうが、確かに目次のページなど非常にすっきりとしたレイアウトで、全く古さを感じさせない。安野が『ふしぎなえ』(福音館書店)で絵本作家としてデビューするのは、一九六八年のことである。

現在、日本の子どもたちが手にする絵本は、非常に種類が多く、質も高い。たくさんの絵本作家によってさまざまな作品が出版され、各国の優れた絵本もすぐに翻訳される。その一方で、小学生くらいの子どもたちの読みものの挿絵は、絵本ほどには質がよくないように思える。書店で手にとってみる小学生向けの物語の本は、名作、新作を問わず、マンガのようなイラストが付けられたものが多い。

カリスマ書店員として知られる田口久美子さんの『書店不屈宣言』に、売れ筋の児童書シリーズについて「子どもに支持されるようにアニメ風のイラストを使用している」と書かれた箇所がある。田口さんは「ちなみに表紙絵のマンガ装丁は大人向け文庫や小説ではもう一般的」と言い、爆発的に売れた岩崎夏海『もし高校野球の女子マネージャーがドラッカーの『マネジメント』を読んだら』などを例に挙げる。数々の日本のコミックが"Manga"として世界に輸出され、高い評価を受ける時代だから当然なのかもしれない。けれども「子どもに支持されるように」という言葉には、どうしても引っかかってしまう。それはずいぶんと子どもを軽んじた発言に思える。

幼い子の感性を見くびってはいけない。日本画や洋画、グラフィックデザインなどをきちんと学んだ人による絵やレイアウトの素晴らしさを、彼らは必ず感じとる。その感動は、本を読んだ時点では意識されることがないかもしれない。けれども、本物の美は深く心に浸透し、いつまでもそこにとどまる。

だから、幼年向けの読みものの挿絵は、もっと多様性があってほしい。マンガしか知らないより、いろいろな画法や色彩、質感の絵に触れる機会がたくさんあった方がよい。

『星のひとみ』の挿絵を丸木俊に依頼しようと決めたのは、いったいどんな編集者だったのだろう。物語世界を読み込み、それに最もふさわしい絵を添えようと熟考したに違いない。とうに仕事を退き、もしかすると彼岸へ旅立たれたかもしれない、その人に私は伝えたい。「素晴らしい本を作ってくださって、ありがとうございました。あの物語と挿絵は、最高の組み合わせでした」と。

古典に親しむ

ボードレール『悪の華』
イギリスの英雄叙事詩『ベオウルフ』

かつて子どもの本の世界にも、教養主義が存在した。少年少女のための「世界の名作」と銘打った全集があり、それが広く読まれていたのである。

さまざまな作品が一冊に収められた全集は、活字中毒の小学生にとってたいそう魅力ある本だった。その魅力を喩えるならば、おいしそうなものが種々詰められた幕の内弁当、というイメージに最も近いだろうか。あの分厚さがよかった。今でこそ、「持ち歩くにはソフトカバーの軽い本がいい」などと言ってはばからない軟弱な人間になってしまったが、当時は厚ければ厚いほどうれしかった。

学校の図書館には、いろいろな全集が並んでいた。その中から吟味して一冊を借り、ランチボックスのように抱えて帰るときは、まさに「更級日記」の「物語ども、ひと袋取り入れて、得て帰る心地のうれしさぞいみじきや」という心もちだった。

せっかく借りた全集であるから、面白そうなものだけを選んで読む、などというもったいないことはしなかった。最初から最後まで、飛ばすことなく読んだ。それは、駅弁のふたについたごはん粒まで食べる感じに似ていたかもしれない。

その結果、小学生の私は漠然とではあるが、文学という広野の豊かさや、世界の国々の多様性を知ったように思う。それは何という大きな恩恵だったことだろう。

詩というものの美しさを私に教えてくれたのは、忘れもしない「少年少女世界の名作文学フランス編4」(小学館)だった。この一冊は、マロ原作「家なき子」「家なき娘」、ファーブル原作「昆虫記」、ガボリオ原作「ルコック探偵」と、恐ろしく欲張りなラインナップなのだが、それに加えてボードレールの詩が八編収められている。解説を除いた本文は四八一ページあるが(重量は八四〇グラム!)、いくら二段組みだからといって、これだけの作品が入るはずもなく、それぞれ抄訳となっている。しかし、ボードレールに関しては、ほぼ原作通りである。

『悪の華』からは、「あほう鳥」「たそがれの曲」「赤毛のこじき娘に」「空を飛ぶ」「パイプ」「ふくろう」、『巴里の憂鬱』からは「異国の人」「老婆の絶望」が選ばれている。この中で唯一、抄訳であるのは「赤毛のこじき娘に」だが、これは「帯がゆるんで　罪なことだが／あらわに見えてくれるといいね／美しい乳房が二つ、きらきらと／目玉のように（安藤元雄訳）」といった、特にエロティックな連が除かれているからだ。

ともかく、ボードレールの言葉は私の心を揺さぶった。小さく記された「悪の華」という詩集のタイトルにもどきどきさせられた。憂愁の詩人と言われる彼の耽美的な世界を、小学生だった自分がどれほど理解したかはわからないが、これらの詩を読んで何やら酔ったような、くらくらとした気分を味わったのははっきりと覚えている。

「少年少女世界の名作文学　フランス編4」の監修者は、『チボー家の人々』などを翻訳したフランス文学者、山内義雄である。ボードレールの詩編を訳したのは、児童文学者、竹田靖治で、いま三好達治訳や安藤元雄訳と読み比べても遜色がない。好みにもよるだろうが、私は竹田訳が一番好きだ。

『悪の華』に収められた“Elévation”は、英語と同じで「飛翔、上昇、高貴さ」などの意味を持つ。その一節を比べてみよう。

わが精神よ、おまえは身軽に動いて行く、
そして、泳ぎ上手が波間で我を忘れるように、

おまえは底なしの無限の空に楽しげに澪《みお》を引き
言うに言えない男らしい快楽を味わっている。

安藤元雄訳「高みへ」より

ぼくのこころはすばしこくかけめぐる、
ゆうぜんと波まに浮かぶ、泳ぎの名手のように。
いいようのない、おおしい、楽しさにさそわれて、
さわやかに深い宇宙のはてをおしわけて進む。

竹田靖治訳「空を飛ぶ」より

竹田の言葉選びは全体にやわらかいが、甘くはない。「泳ぎ上手」よりは「泳ぎの名手」の方がいい訳だと思うし、「深い宇宙のはて」のイメージは「底なしの無限の空」よりも果てしない感じを伝える。一般論として、子どもに向けて書くのは、おとなを対象にするよりも難しい。まして、ボードレールの詩は難解だと言われることも多い。フランス文学に通暁し、自身でも詩を書いて高見順賞や萩原朔太郎賞を受賞した安藤の訳が、何となくこなれない感じなのは、あるいは原詩の雰囲気を伝えているのかもしれない。しかし、簡潔な竹田訳がボードレールの詩

想をすっきりと伝えているのは見事である。

竹田訳でボードレールにはまった小学生は、思春期には上田敏『海潮音』をはじめ、翻訳された詩をいろいろ読むようになった。「やっぱりボードレールはいいなあ」などと思いつつ、萩原朔太郎や三好達治らの作品にも惹かれていった。そして、最終的に短歌と出会い、歌をつくるようになったことを考えると、すべては「少年少女世界の名作文学」との出会いから始まったのだと感慨深い。

英文学の魅力を教えてくれたのも、やはりこうした全集ものだった。

大学生になって、何となく選んだ文学部の、これまた何となく選んだ英文学科で講義を受けていたときのことである。英文学講読の時間だっただろうか、眠気を催していた私は、教授が「ベオウルフというのは、イギリス文学史上、最古の詩です」と話す声を聞き、一瞬にして覚醒した。「ベオウルフ？　な、なつかしい!!」

脳裡には、勇士ベオウルフが皓々と明かりの灯された大広間で、怪物グレンデルの両腕を背後からむんずと摑んでいる様子がありありと浮かんだ——といっても、知らない人にとっては何のことやらわからぬであろう。「ベオウルフ」と呼ばれる長大な英雄叙事詩の前半は、怪物がデーン国を荒らすので困っていると聞いて、ベオウルフという名の若者がスカンジナビア半島の南の国から退治にやってくる、というあらすじである。ベオウルフがグレンデルを痛めつけるのは、まさに前半のクライマックスの場面だ。

この伝承は、古英語で記されており、だいたい八〜九世紀にかけて成立したと見られている。そんな古典のディテールを出来の悪い学生がなぜ知っていたかというと、小学生のころ「少年少女世界の文学　イギリス編3」（小学館）に読みふけったからなのだった。

「イギリス編3」は、『宝島』『ふしぎの国のアリス』、そして、「イギリス民話と伝説」の三本柱から成る一冊である。「ベオウルフ物語」は、イギリスの伝説として収められている。グレンデルが出没する「デーン国」は今のデンマーク、ベオウルフの故国はスウェーデンの南あたりを指すらしい。つまり「ベオウルフ」は、今のイギリス人の祖先であるアングロ・サクソン民族が、グレートブリテン島を支配するよりも前の時代の叙事詩と考えられている。

そんな歴史など全く知らず、「むかし、デンマークの国を〜」で始まる話が、なぜ「イギリス編3」に入っているか疑問にも思わず、小学生の私はひたすら読んでは、人食い鬼のグレンデルにぞっとし、勇士ベオウルフの活躍に夢中になった。実は、講義中の脳裡によみがえった場面も、この本に描かれた挿絵がもとになっている。いま改めて現物を見てみると、自分の記憶の中のベオウルフはもっと偉丈夫であり、グレンデルはもっと醜怪であり、全体のイメージはもっともっと鮮やかで迫力のあるものだった。

それはともかく、古英語で書かれたもともとの詩は、三、一八二行にもわたる。日本語に訳されたものはいくつかあり、原詩が頭韻を踏んでいることから七五調の文語で和訳した試みも刊行されている。いずれにしても、子どもが読んで面白いものではない。この叙事詩を読みやすく物語にしたのは、児童文学者の内野富男である。原詩をもとに、かなり忠実にストーリーを紡いだもので、沼の底に棲むグレンデルの母親とベオウルフの闘いや、魔物が作った剣の刃が溶けてゆく様子などが、詳しく描写されている。

思えば、いろいろな名作全集の中で私は、シェイクスピア作品や「不思議の国のアリス」「ガリバー旅行記」「ロビンソン・クルーソー」「宝島」などに出会ったのだ。もちろん、イギリス以外の国々の名作にも同じように親しんだのだが、英文学科を選んだときの心の底には、小学生のころに触れた英文学のエッセンスのようなものへの憧憬があったのかもしれない。

あの日、講義が行われた教室で、ベオウルフとグレンデルの格闘シーンを思い浮かべたのは、私以外に何人いただろう。「ベオウルフ」はその後、一九九九年、二〇〇五年、二〇〇七年となぜか三回にもわたって映画化された。最も新しいのはロバート・ゼメキス監督による「ベオウルフ／呪われし勇者」だが、何とグレンデルの母にアンジェリーナ・ジョリーがキャスティングされている。怖くて未見である。

いま英文学を学ぶ若い人たちの中には、「おー、ベオウルフ！　あのパフォーマンス・キャプチャー技術を使ったやつね」なんて反応する若者もいるだろう。いつか、ランチボックスのような「少年少女世界の文学」で「ベオウルフ」を知った人と会ってみたいものだが。

少年少女文学全集よ、永遠なれ

それにしても、私が子どものころには、全集ものが多かった。小学校の図書館には、当時すでに書店には並んでいない古い全集がたくさんあり、それらは新刊と同じように私を引きつけた。

ボードレールと出会った「少年少女世界の名作文学」（一九六四〜一九六八年、全五〇巻）、「ベオウルフ」を知った「少年少女世界の文学」（一九六八〜一九七一年、全三〇巻）は、いずれも小学館から刊行された全集であり、タイトルだけ見れば紛らわしいことこの上ない。けれども、子どもにとっては、両者を間違えることなど決してなかった。子どもは装丁や手ざわり、重み、全体の雰囲気で本を記憶するからである。

「少年少女世界の名作文学」は、うすいクリーム色の函に入っており、背表紙には黒のゴシッ

小学館の２つの名作全集。小学生の私はどちらも堪能した

ク体で「世界の名作文学」とシリーズ名が書かれている。カバーには数枚の写真が掲載されているが、図書館では函もカバーもない状態なので、本体の表紙の名画と親しむことが多かった。一巻ずつ異なる名画で、背表紙には金文字で、収められた作品名や全集の巻数が箔押しされている。

「少年少女世界の文学」は、朱を帯びた赤い函に入っており、背表紙には縁取りされた白のゴシック体で「世界の文学」と書かれている。カバーはたまご色で、その巻に収められた作品にちなんだイラストが描かれている。カバーを外すと、渋めのブルーを地にした青海波のパターンがあしらってある。なかなか重厚な感じだが、私は前者の雰囲気の方が好きだった。

そのほか、赤いクロス装が美しい「岩波少年少女文学全集」（一九六〇～一九六三年、全三〇巻）、本の背が革でクロス装という重厚感のある講談社の「少年少女世界文学全集」（一九五七～一九六二年、全五〇巻）、金色のデザインの函から出すと巻ごとに違うイラストが現れる学研の「少年少女世界文学全集」（一九六八～一九六九年、全二四巻）、初山滋が装丁を担当した創元社の「世界少年少女文学全集」（一九五三～一九五六年、全五〇巻）、カラーの挿絵をふんだんに載せた河出書房の「少年少女世界の文学」（一九六六〜一九六八年、全二四巻・別巻二）と、各社それぞれに意匠を凝らした贅沢な全集ものが刊行されていた。まさに、一九五〇年代から六〇年代にかけては、子ども向けの文学全集の黄金期であった。

この「少年少女文学全集」ブームの源流は、戦前の円本ブームに遡ることができる。一九二六年に改造社の「現代日本文学全集」が人気を博したため、各社はこぞって全集ものを出版し、一冊がほぼ一円という価格から「円本」と称され、ブームは四年ほど続いた。一円の均一料金で利用できる当時のタクシー「円タク」に倣ったネーミングのうまさと割安感に加え、予約会員を募り毎月一回配本するという新しい販売方式の物珍しさも手伝ったのだろう。その中に、子ども向けの「日本児童文庫」（アルス社、全七六巻）、「小学生全集」（興文社、全八八巻）もあったのだ。

一方、戦後に興った全集ブームは、戦争中のさまざまな統制から自由になった出版界が活気づき、人々もむさぼるように本や雑誌を求めたことが原動力となった。火付け役となったのは、一九五二年から刊行された角川書店の「昭和文学全集」と新潮社の「現代世界文学全集」だとされる。ちょうど、一九五〇年に勃発した朝鮮戦争による特需で経済が上向き始めた時期であった。数多くの文学全集が出された背景には、安定的な収入を得ようとする出版社の意図もあっただろうが、それだけではなく、人々が大系的な読書を求めた時代だったことが大きいと思

ずっと欲しかった「岩波少年少女文学全集」。いま手にしてもわくわくする

う。

だから、大部の百科事典も売れた。そして、そんな時代の雰囲気のなかで、子ども向けの全集も編まれたのである。戦争という過ちを繰り返さないために、そして、戦争中には与えることのできなかった良書を子どもたちに手渡すために、それぞれの出版社は美しい造本を目指し、古今東西の名作から選りすぐった物語を収めた。

その志の高さは、監修者や執筆陣の豪華さを見ればわかる。例えば、小学館の「少年少女世界の名作文学」「少年少女世界の文学」を監修したのは、どちらも川端康成、中野好夫、浜田廣介である。川端は創元社の全集の責任編集も務め、こちらは英文学者で翻訳も手がけた阿部知二、ドイツ文学者の高橋健二、仏文学者の豊島与志雄、ロシア文学者の米川正夫、児童文学者の坪田譲治、といった顔ぶれである。講談社の全集は、文部大臣も務めた哲学者の安倍能成、作家の小川未明、志賀直哉、仏文学者の辰野隆、英文学者の福原麟太郎が監修している。現在であれば、池澤夏樹や上橋菜穂子、柴田元幸、沼野充義、野崎歓、金原瑞人あたりのラインナップになるだろうか、などと想像してみるのも楽しい。

同じ作者の作品をまとめて読むことができるのも、全集を読む楽しみの一つだった。「アメリカ編」の中にバーネットの「小公子」と「小公女」が入っているのは、あまり珍しくないが、「フランス編」にマロの「家なき子」と「家なき娘」が入っているのは大変によかった。「家なき子」ほど有名ではないが、物語としては断然、主人公が知恵を絞って自立の道を探る「家なき娘」の方が面白いのである。

幕の内弁当のような全集ものには、少女が主人公のやや泣かせる話もあれば、少年が主人公の冒険物語もあった。そして、ミステリやノンフィクション作品も含まれていたから、読書傾向が早くに固まってしまうということがなかった。これは、ともすればファンタジックな物語に傾きがちな私にとって、とても感謝すべき読書体験だったと思う。

全集で抄訳を読んだ後、完訳で読み直した中には、「アルプスの少女ハイジ」や「ロビンソン・クルーソー」がある。「雨月物語」なども、子ども向けの全集で読んでものすごく恐ろしかったことが、原典を読むきっかけとなった。奥本大三郎訳の『ファーブル昆虫記』を買ったのも、小学館の全集で六編の昆虫記を読んで興奮させられたからである。一方、単行本ではなぜか出会う機会がなかった「ケティ物語」や「風車小屋だより」「石の花」「ネズナイカ」といった作品も忘れ難い。

これらの少年少女文学全集の類がひと通り出た後、児童文学の世界では徐々に「抄訳はよろしくない」「完訳でなければ意味がない」といった意見が主流を占めるようになる。そうした流れの形成に大きく寄与したのが、完訳を是とする編集方針の岩波書店、福音館書店であった。一九五〇年に創刊された岩波少年文庫の「発刊に際して」と題する文章には、名作の抄訳に対するかなり厳しい批判が盛り込まれている。

もとより海外児童文学の名作の、わが国における紹介は、グリム、アンデルセンの作品をはじめとして、すでにおびただしい数にのぼっている。しかも、少数の例外的な出版者、翻訳者の良心的な試みを除けば、およそ出版部門のなかで、この部門ほど杜撰な翻訳が看過され、ほしいままの改刪《かいさん》が横行している部門はない。私たちがこの文庫の発足を決心したのも、一つには、多年にわたるこの弊害を除き、名作にふさわしい定訳を、日本に作ることの必要を痛感したからである。(中略)この試みが成功するためには、粗悪な読書の害が、粗悪な間食の害に劣らないことを知る、世の心ある両親と真摯な教育者との、広汎な御支持を得なければならない。

この文章は、二〇〇〇年に岩波少年文庫が創刊五〇年を迎え、新たに書かれた「新版の発足に際して」と差し替えられるまで、ずっと少年文庫の巻末に掲載されていた。たいへん高い志を示す一方で、そこまで他社の出版物を批判しなくともよかろうに、といった気持ちにもさせられる口吻である。

子どもの読書について熱心な親や教師たちの「岩波・福音館」の完訳本への信頼は厚く、名作のダイジェストやリライトものは出版界からかなり姿を消した。それが本当に子どもにとってよいことだったかどうかはわからない。編集者、翻訳家の宮田昇は『新編 戦後翻訳風雲録』で、名作ダイジェストやリライトものが「悪い本」として〝駆逐〟されたことを苦々しく振り返っている。できれば最初から完全な形の翻訳で読むのが理想だとしても、子どもの本の翻訳で最も大事なのは「眼光紙背に徹した上で、平易な美しい日本語にすることだ」という宮田の意見に、私も賛同する。物語の流れや文体に沿って最もふさわしい日本語に置き換えるとき、不要な形容や言い回し、またそうしたものを多く含む箇所を削るのは必要な作業だと思う。

いま振り返ると、全集ものは小学生の私にとって、膨大な書物の海に漕ぎだすための大まかな海図のようなものだったと思う。正確無比な海図であれば安心この上ないが、少しくらい略されていても、目的地にたどり着くことはできる。人によっては途中で座礁し、「あのとき、もう少し詳しい地図があればよかったのに」と思うこともあるかもしれないが、果てしない書物の海を漂うとき、そんな失敗の一つや二つは大したことではない。それよりも「あそこにある島へ行ってみたい」「一度立ち寄ったあの国をもう一度訪れたい」と、自ら漕ぎだす情熱こそ大切なものではないだろうか。

そして、「世界の名作全集」のよさは、いろいろな国の文化や歴史を知ることにもあった。出版社によってラインナップは異なるが、国や地域別に編まれた全集は、世界の広さや多様さを子どもに伝えていたと思う。小学生の私にとって、こうした全集は世界を知る大切な手がかりだった。その巻ごとに感じられる雰囲気というものが確かにあり、子どもながらに「アメリカ的」「フランス的」といった匂いを嗅ぎとっていたように思う。

大体どの全集も、「古典編」でギリシャ神話やローマ神話、アラビアン・ナイトなどを紹介し、「イギリス」「アメリカ」「フランス」「ドイツ」「南欧」「北欧」「ソビエト（ロシア）」「東洋」「日本」などに大別されていた。

翻訳者の問題もあり、英語圏の巻数が多いのは仕方のないことだったろう。現在であれば、「東洋」はもっと細かく「中国」「韓国」「インド」などと分けられるだろうし、アフリカ諸国や南米、イスラム圏の昔話や現代の作品も幅広く盛り込まれるべきだろう。

素朴に過ぎるかもしれないが、世界のいろいろな国に友達がいれば、戦争は起こりにくいのではないかと考えている。それは現実の友達でなくても構わない。時空を超え、本の中で親しんだ人々がいるかいないかで、その国や地域への思いは全く異なるはずだ。

私が旧ソビエト連邦に親しみを覚えたのは、『ヴィーチャと学校友だち』のヴィーチャのおかげだった。『スーホの白い馬』のスーホはモンゴルに生きる遊牧民の暮らしを、『クオレ』のエンリーコは一九世紀のイタリアの学校生活を、生き生きと伝えてくれた。一人のエーミールやカッレ、ハイジが国際理解に果たす役割は決して小さくないと思う。

古典を知り、さまざまな国々の文化を知るうえで、本という形はまだまだ有効である。子どものころに、そのエッセンスに触れることはプラスにこそなれ、マイナスにはならない。そして、グローバル化が進み、共通語としての英語がますます力をもつようになった時代だからこそ、多様な言語で書かれた名作を美しい日本語で読む意味がある。世界が複雑化し、異なる文化や歴史を抱える人たちへの理解が一層大切になってきた今、読み巧者の文学者や教育者が子どもたちのために古今東西の名作を網羅した全集を、再び編んでくれないだろうかと願っている。

子どもが本をよむとき——あとがきにかえて

子どものころは、どうしてあんなに本を読む時間があったのだろう。ちゃんと宿題もやったし、渋々ではあったがピアノもさらった。友達と探偵ごっこに興じて、暗くなるまで遊んでいた。

手当たり次第に読みつつも、気に入った本は何度も読んだ。自分の持っている本はもちろん、友達や図書館の本も、読み返したくなると借りた。その喜びは、よく知っている道を通って、大好きな秘密の場所へ遊びに行く感じに似ていた。いま思うと、それは少しずつ手探りで世界を知る道筋であり、本のなかで何人もの友達と仲良くなる経験であった。

ある児童書出版社の編集者と話していたとき、彼女が少し恥ずかしそうに「こんな仕事をしていますが、私は子どものころ、あまりたくさん本を読んでいないんです。好きな本ばかりくりかえし読んでいたので」と打ち明けたことがある。そのとき、私は「ああ、この人は信頼できる編集者だ」と思った。くりかえし読む喜びこそ、読書の至福ではないだろうか。言葉の響きを楽しみ、描写された光景を思い浮かべ、登場人物と思いをひとつにする——。一冊の本を深く味わうのは本当に心の躍る経験であり、豊かな時間である。

情報社会となり、速く読むことやたくさん読むことが必要とされている。けれども、本を読む喜びは情報を得るのとは全く別のことだ。自らの心に言葉をじっくり浸透させることなく、表面の意味だけを追っても喜びは少ない。昔からおとなたちは、子どもにたくさん本を読ませようと働きかけてきたが、大切な一冊との出会いがあれば、それで十分だと思う。

おとなになって、かつて好きだった物語の原書を読んだとき、石井桃子や瀬田貞二の訳文が瞬間的に胸によみがえってくることに驚いた。自分の身体のなかに、優れた翻訳者の日本語がそのまま入り込んでいるのである。おそらく、作者が作品に込めたメッセージや思いも、濃く流れ込んでいるはずだ。筋書きは覚えていなくても、心に焼きついた場面やせりふはいつまでも残る。本のなかで出会った友達がふとした時に現れ、励まし慰めてくれることもある。「今、ここ」ではない世界に遊ぶ時間は、現実世界を生き抜く力となるのである。だから、子どものための本は、おとなの本以上に、選び抜かれた言葉で書かれたものでなければならないと思う。また、全体の構成やテーマもしっかりしていなければ、くりかえし読まれることに堪えない。

忘れ得ぬ本の数々を思うとき、その作者や翻訳者はもちろん、挿絵を描いた画家や、編集者の存在をひしひしと感じる。電子書籍が少しずつ普及し、ことさらに「紙の本」と言わなければならない時代になりつつあるが、子どものころ読んだ本の記憶は、その内容や挿絵はもちろん、持ち重りや手ざわり、厚みまで伴ってよみがえる。それぞれの本を最もよい形に仕上げて出版した、多くの人々の理想や熱意を思わずにはいられない。

この本は、ごく個人的な読書体験を綴ったものだが、出版に携わる方たちへの深い感謝の気持ちを込めた。そして、かつてたっぷりと本の世界を楽しんだ一人として、慌ただしい日常を生きている子どもたちに本を読む楽しみを知ってほしい、と祈りつつ書いた。この小さな一冊がそのための一助になれば、何よりもうれしいことである。

二〇一六年早春

筆者

美しい本の数々

サカリアス・トペリウス／万沢まき訳『星のひとみ』（1965年、岩波書店）
渡辺茂男文・丸木俊絵『こまどりのクリスマス』（1960年、福音館書店）
与田準一文・朝倉摂絵『てまりのうた』（1966年、福音館書店）
内田莉莎子再話・佐藤忠良絵『ゆきむすめ』（1966年、福音館書店）
少年少女世界名作全集（1960～1964年、講談社、全50巻）
田口久美子『書店不屈宣言　わたしたちはへこたれない』（2014年、筑摩書房）

古典に親しむ

少年少女世界の名作文学・フランス編４（1964年、小学館）
少年少女世界の文学・イギリス編３（1968年、小学館）

少年少女文学全集よ、永遠なれ

少年少女世界の名作文学（1964～1968年、小学館、全50巻）
少年少女世界の文学（1968～1971年、小学館、全30巻）
岩波少年少女文学全集（1960～1963年、岩波書店、全30巻）
少年少女世界文学全集（1957～1962年、講談社、全50巻）
少年少女世界文学全集（1968～1969年、学研、全24巻）
世界少年少女文学全集（1953～1956年、創元社、全50巻）
少年少女世界の文学（1966～1968年、河出書房、全24巻・別巻2）
宮田昇『新編 戦後翻訳風雲録』（2007年、みすず書房）
ニコライ・ノーソフ／福井研介訳『ヴィーチャと学校友だち』（1954年、岩波少年文庫）
大塚勇三再話・赤羽末吉絵『スーホの白い馬』（1967年、福音館書店）
デ・アミーチス／前田晁訳『クオレ』（1955年、岩波少年文庫）

＊15ページの寺島龍一氏による挿画については寺島氏の次女、櫻井真里様、152ページの松本かつぢ氏による表紙絵については松本氏の三女、宇津原みちえ様のご厚意で、掲載を認めていただきました。
ここに深く感謝申し上げます。

山本史郎『東大の教室で『赤毛のアン』を読む　英文学を遊ぶ９章』（2008年、東京大学出版会）
村岡花子『若き母に語る』（1960年、池田書店）
モンゴメリ／村岡美枝訳『アンの想い出の日々』上・下（2012年、新潮文庫）
村岡恵理『アンのゆりかご　村岡花子の生涯』（2008年、マガジンハウス、のちに新潮文庫）

V. 読めば読むほど

読書感想文の憂鬱

K・ブルックナー／北条元一訳『黄金のファラオ』（1973年、岩波書店）
石井桃子『子どもの図書館』（1965年、岩波新書）
V・L・バートン／村岡花子訳『いたずらきかんしゃちゅうちゅう』（1961年、福音館書店）
V・L・バートン／石井桃子訳『ちいさいおうち』（1965年、岩波書店）

持っていなかった本

ウェブスター『あしながおじさん／続あしながおじさん』
ジュール・ベルヌ／朝倉剛訳『二年間の休暇』（1968年、福音館書店）
杉森久英『海の見える窓』（1969年、講談社）
ルイス『とぶ船』

時代を越えて

村上春樹『ノルウェイの森』上・下（1987年、講談社）
ヘレン・バンナーマン／光吉夏弥訳・フランク・ドビアス絵『ちびくろ・さんぼ』（1953年、岩波書店）
川崎大治文・松本かつぢ絵『ちびくろさんぼ』（1962年、講談社）
エリザベス・ヘイ／ゆあさふみえ訳『さよならサンボ　『ちびくろサンボの物語』とヘレン・バナマン』（1993年、平凡社）
L・I・ワイルダー／鈴木哲子訳『大草原の小さな町』（1968年、岩波少年文庫）
カルロ・コルローディ／安藤美紀夫訳『ピノッキオのぼうけん』（1970年、福音館書店）
ダニエル・デフォー／吉田健一訳『ロビンソン漂流記』（1951年、新潮文庫）
内田莉莎子／丸木俊絵『ロシアのわらべうた』（1969年、さ・え・ら書房、2006年から架空社）
チャールズ・ギラム／石井桃子訳・丸木俊絵『カラスだんなのおよめとり』（1963年、岩波書店）

ウェブスター『あしながおじさん』
南條竹則『ドリトル先生の世界』（2011年、国書刊行会）

IV. 偏愛翻訳考

ドリトル先生との再会

ロフティング／井伏鱒二訳『ドリトル先生航海記』（1961年、岩波書店）
ロフティング／福岡伸一訳『ドリトル先生航海記』（2014年、新潮社）
ロフティング／河合祥一郎訳『ドリトル先生航海記』（2011年、角川つばさ文庫）
ロフティング／井伏鱒二訳『ドリトル先生の郵便局』（1962年、岩波書店）
古沢典子『校正の散歩道』（1979年、日本エディタースクール出版部）

正しい発音とは

Ｐ・Ｌ・トラヴァース『風にのってきたメアリー・ポピンズ／帰ってきたメアリー・ポピンズ』
モンゴメリ『赤毛のアン』
Ｊ・Ｄ・サリンジャー／村上春樹訳『フラニーとズーイ』（2014年、新潮文庫）
オルコット『若草物語』
エルジェ／川口恵子訳「タンタンの冒険」シリーズ（福音館書店）
特集「タンタンの冒険」（「ユリイカ」2011年12月号、青土社）
ウィーダ『フランダースの犬』
トーベ・ヤンソン／山室静訳「ムーミン」シリーズ

「きもの」と「ドレス」

エリノア・エスティーズ／石井桃子訳『百まいのきもの』（1954年、岩波書店）
エレナー・エスティス／石井桃子訳『百まいのドレス』（2006年、岩波書店）
オールコット『四人の姉妹』
オルコット『若草物語』

ああ、完訳

ユーゴー／豊島与志雄『ジャン・ヴァルジャン物語』上・下（1953年、岩波少年文庫）
鹿島茂『「レ・ミゼラブル」百六景』（1987年、文藝春秋）
ルイス『とぶ船』
サン＝テグジュペリ／内藤濯訳『星の王子さま』（1953年、岩波少年文庫）

アンの悲しみ

モンゴメリ／村岡花子訳『赤毛のアン』（1954年、新潮文庫）
モンゴメリ／中村佐喜子訳『赤毛のアン』（1957年、角川文庫）

「クアトロ・ラガッツィ」讃歌
吉野源三郎『君たちはどう生きるか』（1969年、新潮社）
山本有三『心に太陽を持て』（1969年、新潮社）
松田翠鳳『天正の少年使節』（1970年、小峰書店）
若桑みどり『クアトロ・ラガッツィ　天正少年使節と世界帝国』（2003年、集英社）
松田毅一『天正遣欧使節』（1999年、講談社）
青山敦夫『活版印刷人ドラードの生涯　リスボン→長崎天正遣欧使節の活版印刷』（2001年、印刷学会出版部）
星野博美『みんな彗星を見ていた　私的キリシタン探訪記』（2015年、文藝春秋）

本の中の本
モンゴメリ／松本侑子訳『赤毛のアン』（1993年、集英社）
ジョン・バニヤン／竹友藻風訳『天路歴程』第一部・第二部（1951年・1953年、岩波文庫）
Ｌ・Ｍ・オールコット／遠藤寿子訳『四人の姉妹』上・下（1958年、岩波少年文庫）
Ｌ・Ｍ・オルコット／海都洋子訳『若草物語』上・下（2013年、岩波少年文庫）
チャールズ・ディケンズ／北川悌二訳『ピクウィック・クラブ』上・中・下（1990年、ちくま文庫）

マクベス、万歳！
シェークスピヤ原作／森三千代『マクベス』（1951年、偕成社）
Ｅ・Ｌ・カニグズバーグ『魔女ジェニファとわたし』（1970年、岩波書店）
E.L.Konigsburg
“Jennifer, Hecate, Macbeth, William Mckinley, and Me, Elizabeth” (2001, Aladdin Paperbacks)
シェイクスピア／河合祥一郎訳『新訳マクベス』（2008年、角川文庫）
Kaye Webb “I Like This Poem”(1979, Puffin Books)

「少年倶楽部」と私
田河水泡『蛸の八ちゃん　復刻版』（1969年、講談社）
加藤謙一編『少年倶楽部名作選　面白づくし・知恵くらべ珠玉全集』（1968年、講談社）
太宰治『人間失格』
佐藤紅緑『あゝ玉杯に花うけて』（1928年、大日本雄弁会講談社）

新しい女の登場
与謝野晶子『愛、理性及び勇気』（1993年、講談社文芸文庫）
ロフティング／井伏鱒二訳『ドリトル先生の楽しい家』（1962年、岩波書店）

ルーシー・M・モンゴメリ／村岡花子訳『可愛いエミリー』（1964年、新潮文庫）
同　『エミリーはのぼる』（1967年、新潮文庫）
同　『エミリーの求めるもの』（1969年、新潮文庫）

II. 記憶のかけら

プーと私と薄謝

ミルン『クマのプーさん／プー横丁にたった家』
ミルン／阿川佐和子訳『ウィニー・ザ・プー』（2014年、新潮社）
ドラ・ド・ヨング／吉野源三郎訳『あらしのあと』（1969年、岩波書店）
P・L・トラヴァース／林容吉訳『風にのってきたメアリー・ポピンズ／帰ってきたメアリー・ポピンズ』（1963年、岩波書店）

物語のうしろ

いぬいとみこ『木かげの家の小人たち』（1967年、福音館書店）
アンナ・シュウェル／白石佑光訳『黒馬物語』（1960年、新潮文庫）
ストウ夫人／杉木喬訳『トムじいやの小屋』（1958年、岩波少年文庫）
ジョナサン・スウィフト／中野好夫訳『ガリヴァー旅行記』（1951年、岩波少年文庫）

その名にちなんで

C・S・ルイス／瀬田貞二訳「ナルニア国ものがたり」シリーズ（岩波書店）
アーサー・ランサム／神宮輝夫訳『ツバメ号とアマゾン号』（1967年、岩波書店）
エレナ・ポーター／村岡花子訳『スウ姉さん』（1965年、角川文庫）
ジーン・ウェブスター／遠藤寿子訳『あしながおじさん／続あしながおじさん』（1961年、岩波書店）
ルーシー・M・モンゴメリ／村岡花子訳『赤毛のアン』

忘れられない「十一月五日」

マイケル・ボンド／松岡享子訳『パディントンのクリスマス』（1968年、福音館書店）
P・L・トラヴァース／林容吉訳『とびらをあけるメアリー・ポピンズ』（1964年、岩波書店）

III. 読むという快楽

私の「隠れ読み」人生

ツワイク／大原富枝訳『悲劇の王妃』（1961年、偕成社）
ローラ・インガルス・ワイルダー／恩地三保子訳『大きな森の小さな家』（1972年、福音館書店）

この本に出てきた本の一覧

＊主に筆者が子どものころに読んだ本の初版を紹介しています
＊複数の版があり、どれを読んだか不明なものは、作者名と書名のみ

I. 食いしん坊の昼下がり

メロンと真子パン
ジュール・ルナール『にんじん』
マイケル・ボンド／松岡享子訳『くまのパディントン』（1967年、福音館書店）
フランシス・H・バーネット『小公女』
E・L・カニグズバーグ／松永ふみ子訳『ロールパン・チームの作戦』（1974年、岩波書店。現在は『ベーグル・チームの作戦』）
H・A・レイ／光吉夏弥訳『ひとまねこざる』（1954年、岩波書店）
L・M・モンゴメリ／村岡花子訳『アンの娘リラ』（1959年、新潮文庫）

「プリン」を「ゴクリ」！
ディック・ブルーナ／石井桃子訳『ちいさなうさこちゃん』（1964年、福音館書店）
J・R・R・トールキン／瀬田貞二訳・寺島龍一画『ホビットの冒険』（1965年、岩波書店）
C・S・ルイス／瀬田貞二訳『ライオンと魔女』（1966年、岩波書店）
同　『朝びらき丸　東の海へ』（1966年、岩波書店）
マーシャ・ブラウン／瀬田貞二訳『三びきのやぎのがらがらどん』（1965年、福音館書店）
ロシア民話／瀬田貞二訳『おだんごぱん』（1966年、福音館書店）

チョコレートの誘惑
エリナー・ファージョン／石井桃子訳『ムギと王さま』（1971年、岩波書店）
ヒュー・ロフティング／井伏鱒二訳『ドリトル先生月へゆく』（1962年、岩波書店）
ロアルド・ダール／田村隆一訳『チョコレート工場の秘密』（1972年、評論社）
ヒルダ・ルイス／石井桃子訳『とぶ船』（1953年、岩波少年文庫）

お茶をどうぞ
A・A・ミルン／石井桃子訳『クマのプーさん／プー横丁にたった家』（1962年、岩波書店）
ルイス・キャロル『不思議の国のアリス』
アストリッド・リンドグレーン／大塚勇三訳『長くつ下のピッピ』（1964年、岩波書店）
ローラ・インガルス・ワイルダー／鈴木哲子訳『長い冬』上・下（1955年、岩波少年文庫）

著者略歴

松村由利子
（まつむら ゆりこ）

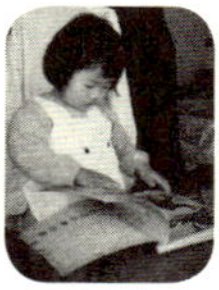

1960年、福岡市生まれ。朝日新聞、毎日新聞記者を経て2006年からフリーランスのライターに。
著書に『31文字のなかの科学』（NTT出版、科学ジャーナリスト賞）、『与謝野晶子』（中央公論新社、平塚らいてう賞）など。歌集に『大女伝説』（短歌研究社、葛原妙子賞）、『耳ふたひら』（書肆侃侃房）など。

少年少女のための文学全集があったころ

2016年7月10日　初版第1刷発行
2017年1月10日　初版第2刷発行

著　者　松村由利子
発行所　人文書院
〒六一二-八四四七
京都府京都市伏見区竹田西内畑町九
電　話　〇七五・六〇三・一三四四
振　替　〇一〇〇〇-八-一一〇三
印刷所　創栄図書印刷株式会社
製本所　坂井製本所
造　本　鷺草デザイン事務所
ISBN　978-4-409-16098-5　C0095
落丁・乱丁本は小社送料負担にてお取り替えいたします